T0267596

Imagina si…

SIR KEN ROBINSON
Y KATE ROBINSON

Imagina si...

El poder de crear un futuro para todos

Traducción de
Ignacio Gómez Calvo

Grijalbo

El papel utilizado para la impresión de este libro ha sido fabricado a partir de madera
procedente de bosques y plantaciones gestionadas con los más altos estándares ambientales,
garantizando una explotación de los recursos sostenible con el medio ambiente y beneficiosa para las personas.

Imagina si...
El poder de crear un futuro para todos

Título original: *Imagine If...*

Primera edición en España: mayo, 2022
Primera edición en México: junio, 2022

penguinlibros.com

ISBN: 978-607-381-527-7

Impreso en México – *Printed in Mexico*

Para mi padre, mi héroe.
Y para todos aquellos a los que ha inspirado

KATE ROBINSON

Índice

Prólogo

Hay una cita famosa atribuida al filósofo y matemático francés Blaise Pascal: «Si hubiese tenido más tiempo, te habría escrito una carta más corta». También se atribuye, con ciertas variantes, a Mark Twain, Winston Churchill, John Locke, Woodrow Wilson y Benjamin Franklin, entre otros. Estoy segura de que todos expresaron distintas versiones de la misma idea, y después de terminar este libro entiendo muy bien a qué se referían. Nada exige más tiempo que intentar ser breve.

El libro que tienes en las manos es deliberadamente conciso, pero sus páginas contienen una vida entera de trabajo. Y no una vida cualquiera, sino la de un hombre que motivó y alentó a millones de personas y que luchó por ellas. Un hombre que aseguró a ciudadanos de todo el mundo que el problema no estaba en ellos ni en sus seres queridos, sino en el sistema. Un hombre que yo tuve la suerte de tener por padre.

Papá era un tipo de increíbles prodigios, pero él ya era de por sí un prodigio. Constituía una rara mezcla de elocuencia, ingenio, humor, modestia y bondad. Estaba presente en todas las conversaciones que mantenía, con independencia de quién fuese su interlocutor, y en un mundo en el que la gente está siempre distraída o mirando por encima de tu hombro para ver quién aparece, un rasgo como ese destacaba. Hacía sentir especial a todo el que conocía porque poseía la habilidad de ver lo que tenían de especiales todas las personas con las que coincidía. Cuando estabas con él, sabías que te encontrabas en compañía de alguien extraordinario, pero lo cierto es que no he entendido lo excepcional que era hasta ahora, cuando ya no está con nosotros. Me pasaré el resto de la vida intentando aceptar que se ha ido, pero también consagrada a que su obra perdure. De hecho, el mundo nunca ha necesitado tanto su mensaje como ahora.

En el fondo, la obra de papá fue una carta de amor al potencial del ser humano. Naturalmente, también fue una profunda crítica de muchos de los sistemas que hemos llegado a aceptar, y una exposición sin concesiones de muchos de sus defectos. Pero, en última instancia, fue la proclamación de que somos capaces de más. De que todos y cada uno de nosotros somos una fuente de talento y recursos, y de que si dedicásemos nuestros esfuerzos a fomentar ese potencial en lugar de reprimirlo sistemáticamente, el mundo sería un lugar mucho mejor para todos.

Papá dedicó su vida a este sueño. Empezó a escribir el libro que estás leyendo en 2017, pero en realidad este libro empezó a gestarse mucho antes. Estoy segura de que él diría que antes incluso de que naciese. Él fue el primero en reconocer que los argumentos que defendía no eran nuevos; están profundamente arraigados en la historia de la docencia y el aprendizaje desde la antigüedad. Se basan en principios que siempre han inspirado a la humanidad, pero que hemos perdido totalmente de vista. Así pues, mi padre continuó con una larga tradición, y es para mí un honor acompañarle.

Tuve el privilegio de trabajar con papá varios años, y cuando le diagnosticaron su enfermedad en 2020, le hice una promesa: dedicaría mi vida a continuar su obra. Pasamos gran parte de sus últimos días hablando de lo que eso implicaría y trabajando juntos en este libro.

Siempre atesoraré el recuerdo de esos días en mi corazón.

Era evidente que embarcarse en este proyecto supondría una combinación entre el deseo de buscar consuelo en sus palabras y su mensaje, y la congoja de no poder preguntarle qué quería decir en un momento determinado ni intercambiar ideas. Ha sido una experiencia como ninguna otra. Nada podría haberme preparado para la travesía de los últimos meses, para perderle y para intentar entender el mundo sin él. Pero a pesar de todo —las dudas, las preguntas, la motivación, la pena—, un principio ha regido este proyecto: él creía que yo podía conseguirlo. Creía que todos podíamos conseguirlo.

Este libro empezó como un compendio de su obra general. Ahora es mucho más que eso: la encomienda de una misión en la vida. Es un llamamiento a los millones de personas a los que él motivó, y a los nuevos millones a los que seguirá motivando, para que sigan luchando por los cambios que necesitamos con tanta urgencia. La revolución ya ha empezado. Es necesario que veamos el potencial de cada uno de nosotros como individuos y de todos en conjunto, como hizo papá.

Imagina si utilizásemos las increíbles capacidades que poseemos para crear un mundo en el que cada persona fuese profundamente consciente de las extraordinarias aptitudes con las que cuenta. Imagina si desarrollásemos sistemas que nos elevasen en lugar de oprimirnos. Imagina si aceptásemos nuestras diversidades en lugar de huir de ellas. Hemos llegado a un momento de la historia en el que ya no es posible repetir lo que hemos hecho hasta ahora. Debemos hacerlo mejor. Y, como siempre, debemos empezar tomando partido.

Imagina si...

KATE ROBINSON
Windsor, junio de 2021

Prefacio

Cómo deberíamos educar a nuestros hijos? Durante generaciones hemos abordado este asunto muy mal. Ahora es más urgente que nunca que lo hagamos correctamente. El mundo está experimentando cambios revolucionarios, y para hacerles frente necesitamos una revolución en el ámbito educativo.

He trabajado en el campo de la educación durante más de cincuenta años. Muchas cosas han cambiado en ese tiempo... y muchas otras no. Durante la mayor parte de mi vida profesional, he reclamado cambios fundamentales en la educación para que la gente tenga la oportunidad de vivir la vida que merece. Los niños nacen con capacidades ilimitadas; su futuro está determinado por cómo se les educa. La educación tiene dos funciones principales: debe ayudar a las personas a desarrollar sus capacidades innatas y a desenvolverse en el mundo. Sin embargo, la mayoría de las veces no cumple ninguno de esos dos cometidos.

He escrito, hablado y discutido del asunto durante mucho

tiempo. He participado en numerosas iniciativas en todo el mundo, redactado gran cantidad de publicaciones y dado miles de charlas. A menudo me preguntan: si tuvieses que resumirlo, ¿cuáles serían los cambios concretos que reclamas y por qué? Resumir es precisamente lo que me he propuesto aquí. Esta es mi visión destilada de los retos a los que nos enfrentamos, los cambios que se necesitan y las medidas prácticas que podemos tomar.

Hay tres ejes principales. Primero, vivimos en una época de revolución y nos enfrentamos a desafíos sin precedentes: como individuos, como comunidades y como especie. Y somos en buena medida responsables de esos desafíos. Eso quiere decir que podemos hacer algo al respecto. Segundo, para conseguirlo, tenemos que pensar de otra forma en nuestros hijos y en nosotros mismos. Tercero, debemos hacer las cosas distintas en la educación, el trabajo y las comunidades.

Si has leído mis anteriores libros, reconocerás parte de los argumentos y del lenguaje de este. Al fin y al cabo, he querido hacer aquí una síntesis. Si no los has leído, espero que lo hagas. En ellos presento muchas pruebas y ejemplos prácticos. Pero si no tienes tiempo, en esta obra encontrarás lo esencial. Espero que te haga reflexionar y te resulte útil. Los problemas que en ella se tratan no podrían ser más importantes.

Ken Robinson

Los Ángeles, octubre de 2019

Introducción

Nuestras capacidades creativas han tenido unos efectos positivos nada desdeñables en el confort de nuestra vida, la salud de nuestro cuerpo y la complejidad de nuestras culturas. Y también nos han llevado a un punto crítico.

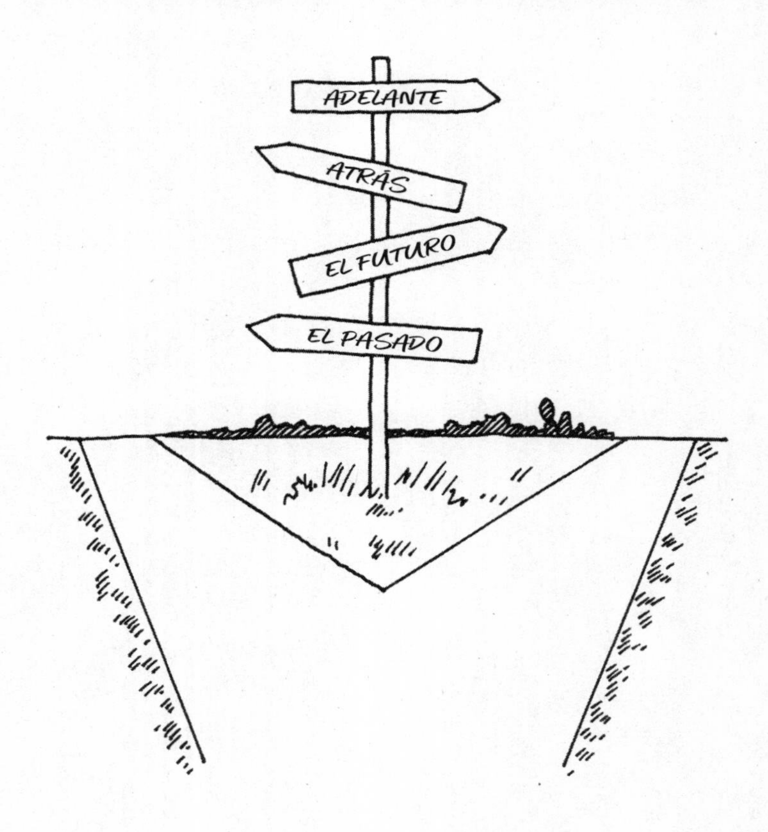

Aquí estás. Puede que para ti hoy sea un día como cualquier otro, o que te resulte distinto por algún motivo. Quizá te encuentras en una situación que te es familiar, o estás en una circunstancia totalmente nueva haciendo algo que no has hecho antes. En cualquier caso, aquí estás: una parte viva del mundo que todos compartimos.

Sea cual sea tu situación, el entorno que te rodea y las cosas que puedes ver, oler y tocar se diferencian de las que experimentaron las generaciones anteriores a ti. Aunque estuvieses en un hogar que ha pertenecido a tu familia durante cientos de años, las circunstancias de tu entorno serían irreconocibles para tus predecesores. Tus antepasados más lejanos habrían sido incapaces de entender un libro, y no digamos de leerlo. A sus descendientes les habría dejado pasmados el concepto de producción y publicación a gran escala. A sus hijos y a los hijos de sus hijos, y así hasta tus bisabuelos, les habrían impresionado profundamente los conceptos de lector de libros electrónicos, ordenador portátil o teléfono inteligente. Ya te haces a la idea: durante toda la historia de la humanidad, el mundo se ha desarrollado, ha evolucionado y ha avanzado. Sigue haciéndolo cada vez más rápido, y nosotros somos los responsables.

En las siguientes páginas revisaremos qué hace tan especiales a los seres humanos en comparación con otros animales de la Tierra. Destacaremos algunos de los motivos por los que el mundo que te rodea es como es, y cómo llegó a ser así. Y analizaremos cuántos de los sistemas de los que formamos parte ya no cumplen su propósito. La educación es uno de esos sistemas.

La educación tiene el potencial de cambiar radicalmente el curso de la vida de un niño a mejor. Esto es aplicable a los niños de toda extracción social. Pero no se produce de un modo automático ni tampoco con la suficiente frecuencia. El sector de la docencia está lleno de profesionales maravillosos, entregados a su oficio y a los que les apasiona su trabajo, pero que la mayoría de las veces son infravalorados. Trabajan dentro de un sistema que reprime la libertad que necesitan para tomar decisiones independientes y para crear el impacto positivo del que son capaces. El efecto de la educación en la vida de una persona depende de la escuela a la que asiste y de los profesores que tiene. Muchas veces la educación desmoraliza a los jóvenes en lugar de estimularles, y les niega las oportunidades que necesitan para tener éxito en la vida. Esto se explica por el modo en que han evolucionado los actuales sistemas educativos.

Durante generaciones, la educación ha favorecido formas limitadas de competencia académica, y por eso desatiende la maravillosa diversidad de aptitudes e intereses de los jóvenes. Además, los gobiernos de todo el mundo han gastado fortunas en «reformar» la educación para «subir el nivel». En la mayoría de los casos, esos esfuerzos han supuesto un gasto enorme de energía, tiempo y dinero. Se trata de iniciativas basadas en presunciones erróneas sobre los niños, el aprendizaje y el mundo en el que vivimos. Han marginado las capacidades que los niños necesitan para crear un mundo más equitativo y sostenible, como la creatividad, el pensamiento crítico, el civismo, la colaboración y la solidaridad.

Ante un futuro cada vez más febril, la solución no está en hacer mejor lo que hemos hecho antes. Tenemos que hacer otra cosa. Tenemos que estudiar la situación en la que todos nos encontramos y reconsiderar sin complejos cómo avanzar. Es imperativo que nos replanteemos la educación y los centros escolares. La vida siempre ha sido turbulenta. Aun así, se mire como se mire, las dificultades a las que nos enfrentamos hoy en día son de otra índole. La educación no es la única causa de esas crisis, pero ha tenido un importante papel en ellas. En 1934, el psicólogo Jean Piaget dijo: «Solo la educación puede salvar nuestras sociedades de un posible colapso, ya sea violento o gradual». La historia nos ofrece muchos ejemplos a este respecto. El visionario novelista H. G. Wells planteó este punto todavía con más agudeza cuando declaró: «La historia humana es una carrera entre la educación y la catástrofe». Las pruebas hacen pensar que él y Piaget estaban en lo cierto.

Como ya habrás advertido, este libro es breve. Yo lo concibo más como una carta larga. Un libro breve, o una carta larga, se caracteriza por abarcar muchos asuntos en una cantidad reducida de tiempo. Si conoces mi obra, puede que te suenen algunos de los argumentos presentados en las próximas páginas. Si no la conoces y te surgen preguntas, te recomiendo que eches un vistazo a mis otros libros, pues profundizan en muchos de los temas y ofrecen ejemplos de los cambios por los que abogamos.

Lo que te dispones a leer es una petición urgente para que nos detengamos, estudiemos la situación y corrijamos el curso que estamos siguiendo. Nuestros actos nos han llevado a un punto crítico en el que hacemos más daño que bien. Estamos despojando sistemáticamente a la Tierra de sus recursos naturales y al ser humano de los suyos propios. Si seguimos comportándonos como hasta ahora, nos privaremos a nosotros y a nuestros hijos de un planeta sano en el que vivir y de las aptitudes que necesitamos desarrollar si queremos tener un futuro. La buena noticia es que las soluciones están a nuestro alcance. No podría haber más en juego, pero tenemos todo lo necesario para hacer las cosas como es debido.

1

La ventaja humana

La imaginación es lo que nos distingue de las demás formas de vida de la Tierra. Gracias a la imaginación, creamos los mundos en los que vivimos. Y podemos volver a crearlos.

En muchos aspectos, los humanos somos como el resto de las formas de vida de la Tierra. Estamos hechos de carne y hueso, y nuestra vida depende en última instancia de lo que la Tierra nos provee. Si todo va bien, crecemos a partir de unas diminutas simientes, pasamos por la infancia y la madurez, llegamos a la vejez y finalmente morimos. Como todos los seres vivos, dependemos de la munificencia de la Tierra para vivir, y sobrevivimos y prosperamos en determinadas condiciones, mientras que nos marchitamos y debilitamos en otras. Sin embargo, hay un elemento que nos distingue notablemente del resto de las formas de vida, y es nuestra capacidad imaginativa. Gracias a la imaginación, no vivimos en el mundo como los demás animales; nosotros creamos los mundos en los que vivimos.

Eso no quiere decir que otros animales no sean capaces de imaginar o no tengan alguna forma de capacidad imaginativa, pero desde luego ninguno muestra ni de lejos las complejas aptitudes que los humanos hemos mostrado en ese ámbito. Aunque los demás animales tienen sus propias formas de comunicación, ninguna se acerca al virtuosismo del lenguaje humano. Algunos pueden cantar y bailar, pero no hacen recitales de *spoken word* ni ballets con múltiples actos, ni coordinan *flash mobs*. Puede que contemplen el cielo nocturno, pero no calculan la energía negativa de los agujeros negros ni construyen naves milagrosas para viajar por el espacio. Nosotros sí. Por lo que sabemos, somos los seres con más inventiva que han pisado el planeta. En tiempo cósmico, nuestra vida es tan breve como un aleteo. Sin embargo, estamos dotados de una capacidad imaginativa inmensa mediante la que podemos trascender los límites del espacio y el tiempo.

La imaginación es la facultad de evocar cosas que nuestros sentidos no perciben directamente. Nos permite escapar del aquí y el ahora a través de la especulación, la visualización y la suposición. Podemos volver a visitar el pasado, anticipar el futuro, ver lo que otros ven y sentir lo que otros sienten. La imaginación posee múltiples facetas, como la de permitirnos vivir experiencias mentales que pueden describirse como «imaginales» (evocar imágenes mentales extraídas de experiencias reales; por ejemplo, el pelo de tu madre o lo que comiste ayer), «imaginativas» (evocar imágenes de cosas que nunca has experimentado, como un perro verde con patines o cómo pasarás tus próximas vacaciones) e «imaginarias» (confundir experiencias imaginativas con experiencias reales, como en un sueño vívido o una alucinación). Puesto que nuestra imaginación nos permite visualizar el futuro, constituye un elemento decisivo para darle forma y construirlo.

Imaginación aplicada

Podrías pasarte el día imaginando sin hacer nada, pero entonces nunca cambiaría nada. Para aprovechar nuestra imaginación, tenemos que llevarla un paso más allá: necesitamos ser creativos. Si la imaginación es la capacidad de evocar cosas que no percibimos directamente con los sentidos, la creatividad es el proceso por el cual ponemos en práctica la imaginación. Se trata, pues, de la imaginación aplicada. La imaginación nos permite visualizar posibilidades alternativas, y la creatividad nos dota de las herramientas darles vida.

Yo defino la creatividad como el proceso de generar ideas originales que poseen valor. Es una definición basada en la obra del grupo All Our Futures, e incluye tres términos clave a tener en cuenta: proceso, originalidad y valor.

1. La creatividad es un proceso, y eso significa que comporta una relación entre dos aspectos importantes que repercuten el uno en el otro: generar ideas y evaluar ideas. Las actividades culturales requieren un intercambio de esos dos elementos: generar una nueva idea, ponerla a prueba, evaluarla, utilizar esa evaluación para generar una nueva idea alternativa o una mejora de la idea original, poner a prueba esa nueva versión, evaluarla, etc. Aunque posible, es raro que un producto —ya sea una obra de arte, un descubrimiento científico o una receta— se conciba en su forma acabada. La mayoría de las veces, las ideas surgen a medias

y se van esculpiendo y modificando, desmenuzando y descartando, y luego se resucitan bajo otras formas antes de que se determine cuál es el mejor resultado. Esto es aplicable incluso a las figuras más célebres: se cree que Leonardo da Vinci tardó veinte años en terminar la *Mona Lisa*, y al describir su proceso de composición, Maya Angelou declaró: «Tardo siglos en poder cantar una canción. Trabajo mucho el lenguaje». Las ideas son vulnerables en este proceso. Una idea con posibilidades puede sufrir un daño irreparable si se critica o desecha demasiado pronto. Muchas personas se desaniman y creen que no son creativas porque no entienden el proceso.

2. La creatividad conlleva originalidad. Existen distintas formas de clasificar la originalidad en este contexto, y todas son válidas: si es original en relación con la obra previa del creador, si es original en relación con la obra de los contemporáneos del creador o si es original en relación con toda la historia, es decir, si una obra es la primera de su clase en ser creada.
3. La creatividad requiere hacer juicios de valor. Lo que se considera valioso depende del carácter y la finalidad de la obra: si algo es útil, bello, válido o sostenible, etc. Por ejemplo, la belleza es un elemento de valor al que aspirar cuando se diseña un edificio, pero no tarda en volverse irrelevante si la estructura del edificio es defectuosa. Para que el diseño original de un edificio tenga valor, debe ser agradable desde el punto de vista estético y cumplir su

propósito. En este sentido, como en los tres puntos señalados, el proceso creativo depende mucho de la capacidad para pensar de forma crítica.

La creatividad es una facultad inherente a todos nosotros. La imaginación y la creatividad se hallan en el seno de todos los logros exclusivamente humanos, y esos logros han sido deslumbrantes. Mira alrededor: hemos creado numerosos idiomas, ingeniosos sistemas matemáticos, ciencias reveladoras, tecnologías revolucionarias, complejas economías, formas artísticas que permiten indagar en uno mismo y una amplia variedad de creencias y prácticas culturales.

Llamada y respuesta

Existe un mito que solemos dar por verdadero, y es el que dice que nuestra vida es lineal. Según este mito, nacemos, crecemos, vamos al colegio y si nos esforzamos y aprobamos los exámenes, acabaremos el bachillerato e iremos a la universidad. En la universidad, si nos esforzamos, obtendremos un título y conseguiremos empleo. Una vez contratados, si nos esforzamos, ascenderemos en la escala del éxito. Un día nos jubilaremos y viviremos el resto de nuestros días sin preocupaciones, satisfechos de haber tenido una vida plena. Pese a ser una bonita historia, es en su mayor parte inventada. La vida puede ser así para un pequeño grupo de personas. Y, sí, puede que empecemos siendo bebés y crezcamos más o menos al mismo ritmo unos que otros, y también puede que haya metas que todos pretendemos alcanzar en determinados puntos del camino, pero el curso real de nuestra vida es mucho más fluido de lo que esta historia quiere hacernos creer. El único momento en que la mayoría vemos la vida de una forma tan secuencial y determinista es cuando nos sentamos a escribir nuestro currículum, momento en el que hacemos todo lo posible por ocultar el caos absoluto en el que hemos vivido para que parezca que hemos seguido un estudiado plan vital.

Esta historia no explica los altibajos, los baches y las curvas, los callejones sin salida y las vueltas atrás, los nuevos comienzos en otras direcciones, las veces que nos hemos caído y nos hemos levantado. No explica las oportunidades inesperadas, las decisiones impulsivas, el aprendizaje y el desarrollo, las situaciones fuera de control y el progreso resultante de todo ello. La vida casi nunca es una línea recta que asciende por una página. La vida real se parece más a un bonito garabato que serpentea por la hoja. La vida es compleja e impredecible, pero con nuestra capacidad de imaginación y creatividad somos capaces de desenvolvernos en ella.

Gracias a los miles de millones de garabatos que se han ido entrelazando en todo el tiempo que la humanidad lleva en la Tierra, nuestro mundo es como es en la actualidad. Como especie, no hemos parado de crear nuevas herramientas y tecnologías para mejorar nuestra experiencia: ya sea el hacha, la caña de pescar, la rueda, el coche o el teléfono inteligente. Uno de los recursos más importantes con los que contamos es la capacidad para desarrollar el trabajo de otros, para colaborar. Cuando Tim Berners-Lee inventó la World Wide Web, empezó subiéndose a los hombros de los gigantes que le habían precedido, sirviéndose de las ideas y los proyectos de sus colegas y sus predecesores. Tenía como objetivo principal ayudar a los académicos a compartir su trabajo. Él no podía prever que semejante invento cambiaría de manera tan radical la vida como la conocemos. Su tecnología encendió una chispa en las mentes de otros que partieron de ella para desarrollarla. Su invento sentó los cimientos sobre los que otros construyeron: desde el emprendedor en serie que dirige negocios valorados en miles de millones de dólares hasta el niño de siete años que crea mundos de la nada en *Minecraft*, pasando por el artesano que trabaja en casa y busca un mercado para sus creaciones.

Las tecnologías innovadoras siempre han tenido consecuencias involuntarias. Cuando Gutenberg perfeccionó su imprenta en 1450, no esperaba contribuir con ella a la Reforma protestante un siglo más tarde. Su meta era abrir un pequeño negocio rentable. Cuando sir Michael Faraday investigó la física de la electricidad en la década de 1820, no preveía la aparición de las centrales eléctricas ni del death metal. Los pioneros del sector automovilístico no anticiparon la llegada del *fracking* ni del calentamiento global. Cuando Steve Jobs y su equipo estaban resolviendo los errores del iPhone en 2006, no vaticinaron los millones de aplicaciones que tendría ni las ventajas e inconvenientes de las redes sociales. ¿Cómo iban a saberlo? No es así como funcionan la creatividad y la cultura. La creatividad consiste en una llamada y una respuesta: una idea puede catalizar multitud de ideas más en las mentes de otras personas.

Un momento crítico

En muchos aspectos, evolucionamos físicamente al mismo ritmo que otros animales; en cambio, culturalmente evolucionamos de manera exponencial, y de formas para las que ninguna otra especie ha mostrado tener capacidad. El ritmo con el que las sociedades y las culturas actuales cambian no tiene precedentes: en menos de una generación, nuestros estilos de vida se han vuelto casi irreconocibles. Estamos más conectados que ninguna otra generación anterior, tenemos acceso a todo tipo de información en un solo clic, y la faceta virtual de nuestra vida está adquiriendo casi tanta importancia como la física. No vivimos en el mundo tal como lo encontramos, y nuestra vida no se circunscribe al lugar o el clima en el que nacemos. Nos formamos ideas sobre el mundo que nos rodea y, por lo tanto, podemos adaptarlo para que se adecúe a nuestros intereses. A lo largo de siglos de vida, hemos modelado y remodelado nuestra existencia. Y, con ello, hemos alcanzado un punto crítico en nuestra evolución. Ha llegado el momento de evaluar qué clase de mundo hemos creado y qué significa ser humano en él.

2

El mundo que hemos creado

El mundo de los humanos está condicionado por las ideas, las creencias y los valores de la imaginación y la cultura. Es producto tanto de nuestra mente como del medio natural.

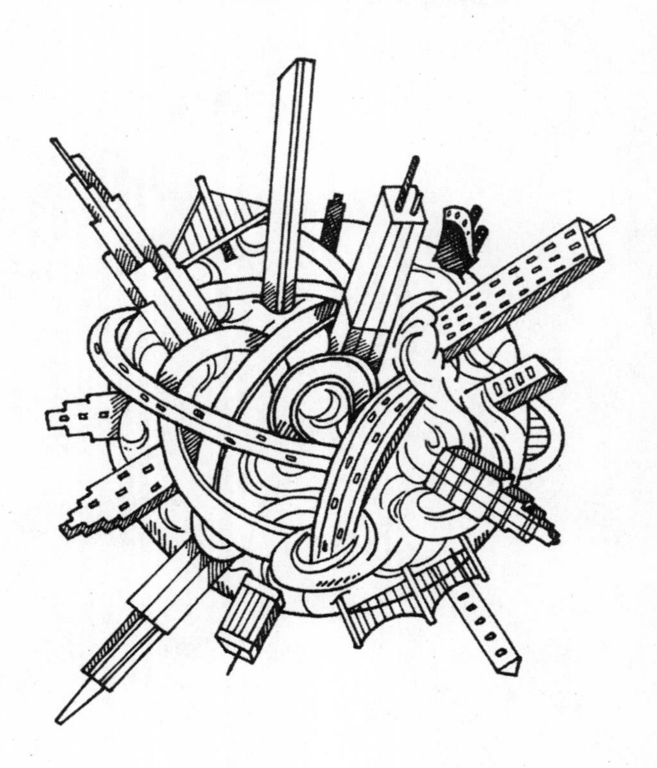

La Tierra ocupa un lugar pequeño y relativamente insignificante en el universo. Está eclipsada por sus planetas vecinos Júpiter, Saturno, Urano y Neptuno, posee el tamaño de un grano de uva comparada con el Sol, y no es más que uno de un número infinito de destellos desde una perspectiva cósmica. Y sin embargo, como Carl Sagan expresó con gran elocuencia: «Cada persona a quien amas, a quien conoces, de quien has oído hablar, cada persona que ha existido, ha vivido en ella».

Todavía estamos buscando pruebas de la existencia de vida en otros planetas. Que nosotros sepamos, la mayoría de los que podemos alcanzar orbitan inertes en el espacio. Pero nuestro planeta rebosa vida. Uno de los milagros del mundo natural es su enorme variedad: sus ecosistemas, especies y climas. Lo mismo se puede decir del mundo de los humanos, con su impresionante diversidad de culturas, sistemas de creencias y tradiciones. Nuestro mundo no solo está condicionado por su situación con respecto al Sol, la existencia de agua y la topografía de los continentes, sino también por las ideas, las creencias y los valores de la imaginación y la cultura.

La mayor parte del mundo que tú y yo conocemos hoy en día es resultado de la acción humana a lo largo de los siglos. La ubicación de las ciudades, la forma en que se dirigen las empresas y estructuras, cómo están diseñados los sistemas educativos, los modelos de transporte y el orden público que estamos obligados a respetar, todos han sido desarrollados cuidadosa y estratégicamente por nosotros. No me refiero a ti y a mí en concreto, sino a los humanos que vivieron antes que nosotros. Aunque habitamos un mundo natural, existimos en uno inventado. Cada generación vive sus propias circunstancias, y al hacerlo deja unas huellas indelebles para que las futuras generaciones las doten de sentido. Las circunstancias singulares en las que tenemos que desenvolvernos son en parte resultado de las corrientes cruzadas de tres fuerzas de ámbito global: demografía, tecnología e ideología.

Demografía

Los humanos surgieron como especie hace entre 150.000 y 200.000 años. Desde entonces se estima que 100.000 millones de personas como tú y yo han vivido y muerto en la Tierra. Esto equivale a unas 10.000 generaciones de humanos, de los que nosotros somos los últimos y probablemente los más atractivos y más bien plantados.

Sin embargo, durante la mayor parte de la historia de la humanidad, la población del mundo ha sido escasa, ha estado dispersa y ha tardado en desarrollarse. Los depredadores hambrientos, las presas ágiles y las duras condiciones hacían la vida bastante breve y desagradable. En Europa, la situación no cambió hasta hace unos trescientos años, o quince generaciones, en el siglo XVIII. El periodo revolucionario que hoy denominamos Ilustración supuso un enorme cambio en el pensamiento humano, primero en Europa y con el tiempo prácticamente en el resto del mundo. Desafiando antiquísimos dogmas, los filósofos y científicos de la época sostenían que para entender el mundo que nos rodea, y nuestro lugar en él, era imprescindible elevar la razón por encima de la superstición y la evidencia por encima de la fe. El aluvión de descubrimientos e inventos a los que dio lugar acabaría desembocando en la primera Revolución industrial, que a su vez generó innovaciones sin precedentes en el campo de la energía, la producción, el transporte, la agricultura, la higiene y la medicina.

A medida que las condiciones mejoraban, la población aumentó con rapidez. En 1800, la población mundial era de 1.000 millones de habitantes. En 1930 había 2.000 millones. En 1960 era de 3.000 millones; actualmente es de 7.700 millones, y se espera que para mitad de siglo sea de 10.000 millones y de 11.000 millones a final de siglo. Somos con diferencia la mayor población de seres humanos que ha habitado la Tierra al mismo tiempo. Casi un 10 por ciento de los 100.000 millones de personas que han vivido a lo largo de la historia se encuentran aquí ahora.

Tecnología

Nuestra vida siempre ha estado condicionada por las herramientas que usamos. Las herramientas amplían nuestras capacidades físicas; una llave inglesa, un telescopio o una impresora nos permiten hacer cosas que de otra forma serían imposibles. También amplían nuestra mente y por ello pensamos cosas que de otro modo serían inconcebibles. Del arado a la electricidad, las tecnologías ingeniosas han reconfigurado civilizaciones enteras. Cuando en el siglo XV Galileo miró a través de un telescopio, vio los planetas de cerca por primera vez. Esa nueva perspectiva le hizo reconsiderar nuestro lugar en el cosmos y, en última instancia, refutar todo lo que hasta entonces se había dado por sentado.

En nuestra época y en menos de una generación, las tecnologías digitales nos han hecho reestructurar virtualmente hasta el último detalle de la manera en que trabajamos y jugamos, y de cómo nos relacionamos y no nos relacionamos unos con otros.[1] La gente las utiliza para todo, desde consultar datos hasta elegir pareja y reservar vacaciones. Cuando vas a un lugar público, te encuentras a casi todo el mundo mirando ensimismado en sus pantallitas las nubes de información que siempre están a un clic de distancia. La revolución digital apenas ha comenzado. Todavía estamos intentando entender y explorar esas nuevas tecnologías y lo que significan: para cada uno de nosotros como individuos y también para nuestras sociedades en conjunto. En el futuro, seguro que los jóvenes mirarán las imágenes de nuestros teléfonos inteligentes y nuestras monedas con una sonrisa condescendiente. Para entonces, el avance de la inteligencia artificial ya será imparable, circunstancia que augura otra revolución no solo en la forma en que vivimos y trabajamos, sino también en nuestra evolución como especie.

Ideología

Pese a que gozamos de unas comodidades materiales sin precedentes en la historia, la vida en el siglo XXI está resultando insoportable para un número cada vez mayor de personas. Muchos de los problemas que experimentamos son de tipo moral, y con ello me refiero a que dependen de si tenemos la moral alta o baja: a si nos sentimos satisfechos y motivados, o nihilistas y desesperanzados. Aunque la mayoría de la gente disfruta de mejores condiciones materiales que nunca, una gran parte de la población es víctima de una epidemia mundial de depresión y ansiedad.

Aproximadamente 800.000 personas mueren por suicidio al año; eso equivale a una cada cuarenta segundos.[2] La cifra no incluye los intentos de suicidio, que pueden ser veinte veces más altas. En la actualidad, el suicidio se encuentra entre las tres principales causas de muerte de las personas con edades comprendidas entre los 15 y los 44 años. Antes los índices más elevados correspondían a hombres de edad avanzada. Esto ya no es así: el suicidio es la segunda causa de muerte entre los jóvenes de 15 a 29 años. Una consecuencia siniestra de esta tendencia es la pandemia de adicción que está engullendo a personas de toda condición y circunstancia. Alimentada por el comercio sin escrúpulos de medicamentos con receta y drogas ilegales, sus efectos físicos y mentales son enormes. El índice de enfermedades mentales entre la población juvenil está aumentando exponencialmente, y hay muchas razones que lo explican; entre ellas, la influencia negativa de las redes sociales y un aluvión constante de expectativas poco realistas, factores de riesgo socioeconómicos como la pobreza y el coste cada vez más alto de la vida, así como el estigma perpetuo y el desconocimiento de las enfermedades mentales en general. Otra de las principales causas es el estrés impuesto a los jóvenes por la educación convencional y la presión de los exámenes estandarizados.[3]

El mundo que estamos destruyendo

Hay otra serie de circunstancias con las que tenemos que lidiar urgentemente, pues el impacto acumulado de nuestra conducta en la Tierra está teniendo un efecto desastroso en ella. Durante la mayor parte de la historia de la humanidad, hemos saqueado el planeta sin pensar en nada más que en nuestro propio interés. Lo hemos despojado de los hábitats naturales de los que tantos seres dependen; hemos exterminado una especie tras otra sin apenas molestarnos en echar la vista atrás. Hemos extraído petróleo, llenado el aire de gases peligrosos, abierto agujeros en la capa de ozono y empobrecido drásticamente la imprescindible capa superficial del suelo. Hemos llenado la tierra de basura que permanecerá indefinidamente en ella y hemos llenado los océanos de vertidos tóxicos.

Nuestra conducta no siempre ha sido tan grave ni tan cruel. Durante siglos tomamos lo que necesitábamos para sobrevivir en pequeñas cantidades: en muchas comunidades, la gente poseía granjas de las que vivía y con las que abastecía al territorio local. Los viajes al extranjero eran largos y arduos, y solo se emprendían por necesidad. La gente no volaba de un continente a otro en salidas de fin de semana. A medida que la tecnología avanzaba y la población aumentaba, nuestros deseos y necesidades aumentaban con ellos. Estamos llegando a un punto de no retorno, y según las estimaciones más pesimistas, ya hemos ido demasiado lejos. El comportamiento humano ha modificado la química del planeta, y corremos un serio riesgo de agotar todos sus recursos y, con ello, aniquilarnos a nosotros mismos.

Nos dicen cada dos por tres que tenemos que «salvar el planeta». No estoy seguro de que eso sea cierto: al planeta le falta mucho para estrellarse contra el Sol. A lo que nos referimos cuando hablamos de salvar el planeta es a que tenemos que salvar nuestra existencia en él. Esa parte es cierta. Si seguimos saqueando la tierra al ritmo actual, no nos aguarda un futuro como especie. La extinción es una parte consustancial de la naturaleza, pero a este ritmo, los humanos pasarán a formar parte del selecto club compuesto por las especies directamente responsables de su extinción.

Corrientes cruzadas

Uno de los motivos por los que no vivimos en el mundo como el resto de los animales es porque nosotros tenemos ideas y teorías que afectan a lo que opinamos de él. Vemos el mundo a través de distintos velos, creencias e ideas. Como dijo el gran teórico cultural Clifford Geertz, estamos «colgados en redes de significación [que nosotros mismos] hemos tejido». Cuando convivimos íntimamente con otras personas, influimos en la forma de pensar y de sentir del otro. Cuando los niños aprenden a hablar, asimilan las ideas y los valores culturales integrados en sus idiomas. De esta forma, acaban viviendo en un mundo poblado de creencias, teorías y conocimientos.

La diversidad de nuestras culturas conlleva graves complicaciones y un largo historial de conflictos motivados por aparentes diferencias. Las diferencias en las creencias culturales pueden engendrar hostilidad, incluso odio. Cuando las culturas chocan, las turbulencias pueden ser profundas y a menudo violentas. Algunos trastornos sociales son inevitables y decisivos para que la sociedad avance y deje atrás las desigualdades sistémicas que han surgido en el pasado y han puesto en peligro nuestro futuro. Es crucial diferenciar entre el necesario desmantelamiento de aspectos perjudiciales del *statu quo* en nombre del progreso y los mortíferos conflictos que se perpetúan de forma innecesaria. La capacidad para distinguir entre los dos está directamente relacionada con la educación: no solo los años que la mayoría de los niños pasan en la escuela, sino a través del compromiso de aprender y mejorar durante toda la vida.

Las corrientes cruzadas no avanzan en línea recta, y el futuro tampoco. Por ejemplo, la población mundial no aumentará indefinidamente. El número de habitantes de los países con las economías industrializadas más antiguas ya está disminuyendo. Durante ciento cincuenta años, el índice de natalidad mundial superaba la tasa de mortalidad. Sin embargo, en los últimos cincuenta años, el primero ha ido reduciéndose: en 1950, las mujeres tenían una media de 4,7 hijos a lo largo de sus vidas, mientras que en 2017, el índice casi había disminuido a la mitad, con una media de 2,4 hijos, y se prevé que se situará por debajo de 1,7 a finales de siglo.[4] Uno de los motivos de este fenómeno es la educación. Cuanto mayor es el acceso de las mujeres a la educación, más activamente intervienen en la gestión de su fertilidad y menos hijos tienen. El perfil general de la población mundial sufrirá un cambio radical en el curso de este siglo: el número menor de bebés y la esperanza de vida más larga determinarán que para 2100 el número de niños menores de 5 años será drásticamente inferior, mientras que el número de personas mayores de 80 años será considerablemente mayor.

Es casi imposible predecir qué tipo de trabajos desempeñará en el futuro la población que habite el planeta, suponiendo que tenga trabajo, o, incluso, qué clase de vida tendrá. Puede pasar mucho tiempo hasta que el impacto de las tecnologías se extienda a la vida y el trabajo, pero el ritmo de cambio experimentado hasta el momento y las repercusiones de las nuevas tecnologías son excepcionales. Esa evolución está modificando el contexto en el que educamos a las personas y el tipo de vida para el que las estamos preparando, y es fundamental que transformemos la educación en consonancia.

Es hora de volver a imaginar el mundo

Cuando el *statu quo* se ha mantenido mucho tiempo, tendemos a creer que es imposible cambiarlo. Los sistemas que a menudo aceptamos —sistemas políticos, formas de estructurar nuestras empresas, la manera en que se diseñan nuestras ciudades— son concebidos por los humanos. Los creamos para que se adecúen a nuestros intereses, para que solucionen nuestros problemas o faciliten avances. El problema es que como especie hemos evolucionado hasta un punto en el que muchos de esos sistemas están desfasados o han quedado del todo obsoletos. La buena noticia es que podemos hacer algo al respecto. Nosotros creamos los mundos en los que vivimos, y siempre existe la posibilidad de volver a crearlos.

En el capítulo anterior he dicho que nos encontramos en un momento crítico. Es cierto. Los retos a los que nos enfrentamos son reales y urgentes, y todos son consecuencia de la creatividad humana. Para hacer frente a esos retos, tenemos que combinar nuestra creatividad con una visión más empática del mundo en el que queremos vivir y de las vidas que esperamos llevar. No basta con seguir haciendo lo mismo que en el pasado. Las respuestas que necesitamos no se encuentran detrás de nosotros. La solución pasa por cultivar nuestra creatividad con unas metas más claras. Para ello es necesaria una concepción más rica de nuestras aptitudes naturales y nuestro potencial. Empecemos por ahí.

3

Eres más de lo que piensas

La inteligencia es diversa, dinámica y singular.
La inteligencia y la creatividad son parientes de sangre.
Una no puede existir sin la otra.

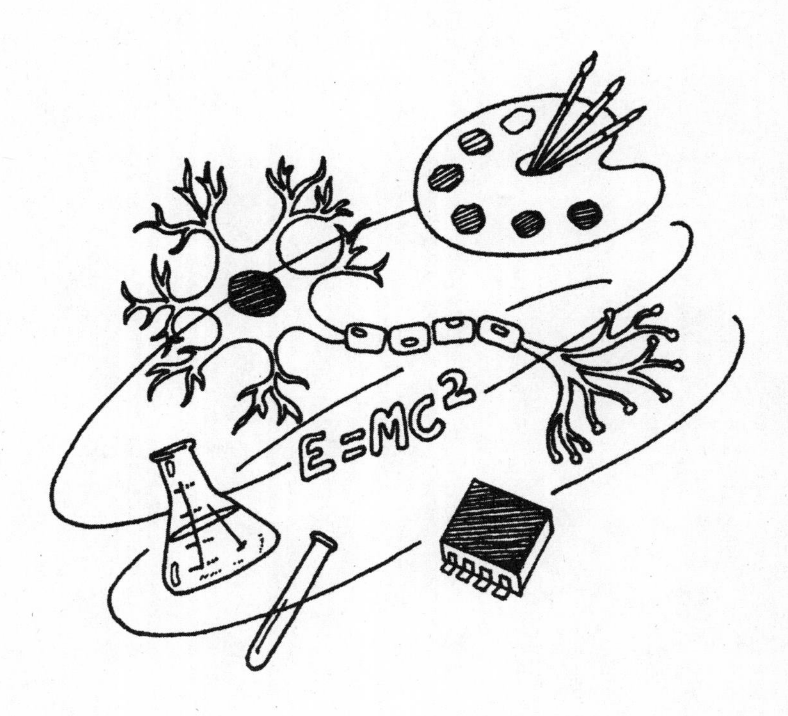

Los niños nacen con posibilidades ilimitadas. Los recién nacidos pueden parecer indefensos, pero pronto desarrollan aptitudes exclusivas de nuestra especie. Si se dan las condiciones adecuadas, experimentan una metamorfosis milagrosa desde el nacimiento hasta la madurez. Se desarrollan a nivel físico, cognitivo, emocional y social, y todas estas facetas están interrelacionadas.

El cerebro humano contiene más de 85.000 millones de neuronas. Como la propia humanidad, estas neuronas pueden establecer innumerables conexiones. Sigue siendo un misterio cómo una pequeña bola de carne puede dar lugar a la música de Mozart, las ideas de Einstein y la sabiduría poética de Maya Angelou, y a todos los pensamientos y emociones que constituyen tu conciencia.

Tomemos el ejemplo del lenguaje. La mayoría de los humanos aprenden a hablar cuando tienen dos o tres años. Si eres padre, sabrás que no necesitas enseñarles a hacerlo. Tú no tienes el tiempo y ellos no tendrían la paciencia. Los niños pequeños saben intuitivamente que los sonidos del habla tienen significado. Aprenden a hablar porque quieren y porque pueden. Si de pequeños están expuestos a varios idiomas, los aprenden todos en mayor o menor medida. Algunas personas hablan cuatro o cinco idiomas sin despeinarse, normalmente porque han vivido en comunidades en las que se hablaban esas lenguas, y las han asimilado sin gran esfuerzo. La mayoría de nosotros podríamos hablar varios idiomas si estuviésemos inmersos en ellos en el momento adecuado, y el hecho de que no lo hagamos es circunstancial, nada tiene que ver con nuestras capacidades.

Existe una diferencia entre tener capacidad para algo y tener aptitud para ello. Una aptitud es una capacidad refinada. El lenguaje es un ejemplo de las enormes capacidades de los niños. Tienen muchas más, algunas tal vez las desarrollen y muchas otras tal vez no, dependiendo de las circunstancias. Los recursos humanos son como los recursos naturales: son increíblemente plurales, motivo por el que los logros humanos son tan variopintos. A menudo están ocultos bajo la superficie y hay que descubrirlos. Y en el caso de que sean descubiertos, hay que desarrollarlos para que sean útiles.

Acostumbramos a subestimar las capacidades naturales de nuestros hijos. De hecho, subestimamos, o damos por sentadas, muchas cosas. Por ejemplo, los sentidos. ¿Cuántos tenemos? La mayoría de las personas sanas dirían que cinco: oído, vista, tacto, gusto y olfato. Pero lo cierto es que hay al menos nueve; entre ellos, el sentido de la temperatura (termocepción), el dolor (nocicepción), el equilibrio (equilibriocepción) y la orientación espacial (propiocepción). No son unos sentidos escogidos que solo unas pocas personas tienen. Todos dependemos de ellos en nuestro día a día. ¿Por qué pensamos que tenemos cinco y nos cuesta identificar más? La respuesta es que lo hemos oído tantas veces que ya ni siquiera nos lo planteamos. Si subestimamos algo tan claro como nuestros sentidos, ¿qué pasará con capacidades más complejas como la inteligencia?

Cuando le preguntas a la mayoría de la gente por la inteligencia, la conversación suele desviarse al rendimiento académico y el cociente intelectual. «Rendimiento académico» se usa a menudo como sinónimo de «inteligencia», y aunque es un ejemplo destacado de inteligencia, no es ni mucho menos el único. El trabajo académico es una forma de análisis que puede aplicarse a cualquier cosa. El concepto hace referencia a un tipo de trabajo intelectual de carácter teórico o culto, en lugar de práctico o aplicado. En general, el trabajo académico se centra en tres áreas: el conocimiento proposicional (datos sobre un caso concreto; por ejemplo, «George Washington fue presidente de Estados Unidos de 1789 a 1797»), el análisis crítico (el impacto de la presidencia de Washington y el carácter de su mandato) y los estudios teóricos, que principalmente requieren leer y escribir, procesar y presentar datos, así como el análisis crítico. En realidad, no existen temas académicos, solo formas académicas de analizar cosas. La cuestión no es qué se estudia, sino cómo se estudia. Puedes adoptar un enfoque académico sobre cualquier disciplina: estudiar danza sin mover el cuerpo, dominar los conceptos del arte sin crear ninguna obra, o entender de química sin tocar un tubo de ensayo ni una bata de laboratorio.

Por otro lado, el cociente intelectual propone que nacemos con una cantidad determinada de inteligencia, que es posible evaluar mediante pruebas escritas y a la que se puede asignar un número. Más adelante trataremos por qué el concepto mismo de cociente intelectual es erróneo, pero se trata de otro ejemplo de un sistema creado hace mucho tiempo para adaptarse a unas necesidades concretas. El sistema de pruebas para evaluar el cociente intelectual como lo conocemos en la actualidad fue creado por Alfred Binet en París a principios del siglo XX. En aquel entonces, Binet trabajaba con alumnos de enseñanza primaria y estaba buscando una forma de identificar a los que podían precisar un refuerzo educativo especial. Necesitaba un enfoque pragmático y fácil de administrar que proporcionase un diagnóstico rápido, y su sistema era tan efectivo como él consideraba que tenía que serlo. Con el tiempo, su método empezó a extenderse por todo el mundo, y en 1912, el psicólogo alemán William Stern propuso llevar a cabo un cálculo formal de la edad mental dividida por la edad cronológica multiplicada por 100 para determinar una cifra concreta de cociente intelectual. Al final, este concepto fue adoptado por los miembros del movimiento de la eugenesia, que lo utilizaron como base de su creencia en la reproducción selectiva y el control de la población. Ellos alegaban que se podía usar el cociente intelectual para identificar a personas con poca inteligencia e impedirles que se reprodujesen. La idea tuvo buena acogida: algunos estados de Estados Unidos legalizaron la esterilización de personas consideradas de escasa inteligencia, y la eugenesia se convirtió en una táctica clave de la «Solución final» de los nazis.

Al igual que Gutenberg con su imprenta y Jobs con el iPhone, Binet no podía prever las consecuencias que tendría el test para calcular el cociente intelectual. Desde luego, nunca imaginó que un siglo más tarde sería sinónimo de la propia inteligencia. Y es que aunque el cociente intelectual puede decirnos algo sobre la inteligencia, no nos lo dice todo. En muchos casos no nos dice gran cosa. La inteligencia es mucho más rica: es diversa, dinámica y singular.

Diversa

La inteligencia es un concepto eminentemente cultural: distintas culturas valoran distintos aspectos de la inteligencia por encima de otros. No existe una definición de inteligencia aceptada universalmente, y no es porque no se haya intentado. Al contrario, los psicólogos han dedicado al tema una cantidad de tiempo incalculable. El motivo es que la inteligencia adopta múltiples formas, y en cada persona se acompañan de diferentes virtudes y flaquezas. Fíjate en la maravillosa variedad de destrezas e ideas que impulsan los logros en todos los campos de la actividad humana y las innumerables formas en que estas interaccionan. Esas formas de inteligencia van mucho más allá de los acertijos del típico test para evaluar el cociente intelectual.

La inteligencia incluye la capacidad de formular y expresar nuestros pensamientos con coherencia. Existen muchas maneras de conseguirlo (a través del habla, la escritura, la música, el baile, los números, las presentaciones, el dibujo...) y todos recurrimos a varias de ellas, si no a todas, en distintas combinaciones en un momento u otro. Los artistas plásticos dedican la mayoría de su tiempo a formar ideas visuales que luego traducen en una forma física, pero eso no quiere decir que no puedan articular frases coherentes. Los matemáticos más brillantes suelen interpretar el mundo a través de números, ángulos y formas, pero también pueden mover sus cuerpos para destacar un detalle. Se trata de dos extremos, pero en el día a día la mayoría combina diversas capacidades para formar pensamientos y expresarlos.

Hay más factores, como las circunstancias y las oportunidades. Unas páginas antes afirmé que un niño que crece en una casa expuesto a múltiples idiomas aprenderá a hablarlos todos. Lo mismo ocurre a la inversa: si ese niño crece en una casa oyendo un único idioma, aprenderá solo ese. Esto no quiere decir que no pueda aprender otro idioma más adelante, pero no lo hará de manera instintiva. Esto es aplicable a la mayoría de las cosas. Cuando los niños reciben clases de danza a una edad temprana, desarrollan una profunda conciencia de cómo funcionan sus cuerpos, de la percepción espacial y de la resistencia. Si el mismo grupo de niños no hubiese recibido clases de danza, desarrollar dicha conciencia más adelante les exigiría un esfuerzo más consciente. De modo que aunque todos utilizamos distintos métodos para formular y expresar pensamientos cada día, nuestras circunstancias y oportunidades desempeñan un papel importante en la elección de los métodos que empleamos más a menudo o con los que más cómodos nos sentimos. Y eso nos lleva al siguiente punto: la inteligencia es dinámica.

Dinámica

Distintas áreas del cerebro se asocian con determinadas funciones. Aun así, ninguna funciona de un modo independiente del resto del cerebro, sino en sintonía con él. De igual modo, la conciencia no está situada exclusivamente en nuestros cráneos. El cerebro solo puede funcionar a través de sus íntimas conexiones con el resto del cuerpo. Por ejemplo, el intestino está recubierto de millones de neuronas. El «cerebro-intestino» se comunica con el cerebro mediante una compleja red de neuronas, hormonas y sustancias químicas que proporcionan en todo momento información sobre el hambre que tenemos, si estamos estresados o eufóricos, o si hemos ingerido un microbio nocivo. Esta autopista de la información se llama «eje cerebro-intestino» y facilita datos de forma continuada sobre la situación en los dos extremos.

El doctor Amir Amedi es un neurocientífico residente en Israel. Se ha especializado en enseñar a personas con ceguera congénita a «ver» mediante sonidos. Empleando una serie de pautas sonoras, vibraciones, tonos y ráfagas de ruido, el doctor Amedi enseña a sus pacientes a identificar objetos cotidianos. Gracias a su método, una persona que nunca ha visto puede sentarse a una mesa y coger una manzana verde de un frutero con manzanas rojas. Durante el desarrollo de ese trabajo, el doctor Amedi llevó a cabo una serie de electroencefalogramas a personas que podían ver para determinar la diferencia entre vista e imaginación. En una prueba mostraba a su sujeto una manzana verde, y en la siguiente le pedía al mismo sujeto que se imaginase una manzana verde. Los experimentos revelaron que, dependiendo de la situación, se iluminan distintas partes del cerebro: cuando el sujeto miraba una manzana de verdad, se iluminaba un área, y cuando la misma persona se imaginaba una manzana, se iluminaba otra. En resumen, el doctor Amedi demostró que existe una parte concreta del cerebro dedicada a la imaginación.

Nuestro cerebro es muy dinámico: cada parte del cerebro interactúa con otras partes para realizar hasta la más básica de las tareas. Piensa en el acto de hablar: formamos pensamientos en la mente y los convertimos en palabras; a menudo adaptamos lo que decimos para que la persona con la que hablamos nos entienda, y además controlamos el volumen y el tono de nuestra voz. También nos movemos mientras hablamos: gesticulamos y crispamos el rostro para expresar emoción y significado. A continuación, procesamos lo que hemos dicho y esperamos una respuesta. El simple acto de mantener una conversación conlleva un sinfín de funciones cerebrales, como en un concierto. De hecho, el dinamismo del cerebro recuerda sobremanera a una orquesta: muchas partes individuales que tocan juntas para crear algo que solo es posible cuando todas tocan juntas en armonía.

Singular

Los bebés no son páginas en blanco. Vienen al mundo completamente equipados. Como cualquier padre sabe, esas características innatas se manifiestan ya en una etapa muy temprana de la vida. Si eres padre de dos o más hijos, te apuesto algo a que son del todo distintos. Nunca los confundirías, ¿verdad? Puede que se parezcan y tengan rasgos similares, o tal vez te recuerden a ti o a tus padres, pero son ellos mismos. Todos somos combinaciones únicas de nuestros antecesores, desde nuestra apariencia hasta los matices de nuestra personalidad, pero cada vida es singular e irrepetible.

Aunque los niños tienen capacidades ilimitadas, se manifiestan de forma distinta en cada uno. A medida que desarrollan aptitudes concretas, sus cerebros reaccionan moldeándose físicamente. Tiempo atrás se creía que nacemos con una cantidad de inteligencia determinada y que no podemos hacer gran cosa al respecto. Los recién nacidos empezaban su andadura con todas las neuronas que tendrían en la vida, y esas neuronas se iban muriendo como parte del proceso natural de envejecimiento. Ahora sabemos que esto no es así. El cerebro es un órgano vivo, dinámico y «plástico» que evoluciona continuamente con la experiencia. Como los músculos, el cerebro se desarrolla y cambia con el uso. El aprendizaje genera nuevas conexiones neuronales y caminos a lo largo de nuestra vida, siempre que nuestro cerebro esté activo y se le someta a nuevos retos, un elemento esencial de la adaptabilidad humana. De modo que la inteligencia no solo es diversa, dinámica y singular, sino que también es adaptable. Nacemos con unas capacidades enormes y tenemos numerosas oportunidades de desarrollarlas durante toda la vida.

Parientes de sangre

Uno de los problemas de asociar la inteligencia al cociente intelectual o a la aptitud académica es que no tiene en cuenta para nada la relación entre la inteligencia y la creatividad. Se crea una división entre ambas, y con ello se divide a las personas en grupos: las que son inteligentes y las que son creativas. En los colegios lo hacemos cuando distinguimos las supuestas asignaturas «troncales» como matemáticas, lengua y ciencias de las asignaturas «fáciles» como las artes y las humanidades. También lo hacemos en los negocios cuando diferenciamos a los «creativos» del resto de la empresa. Al establecer esas claras distinciones, aceptamos y perpetuamos varios mitos sobre la creatividad y la inteligencia.

Uno de esos mitos es que solo determinadas personas son creativas, y, por lo tanto, o eres creativo o no lo eres. De la misma forma que sabemos que no nacemos con una cantidad definida de inteligencia, tampoco nacemos con una cantidad definida de creatividad. La creatividad, como el cerebro o los músculos, cambia con el uso. Si descuidamos nuestras capacidades creativas, permanecen inactivas. Si las usamos como es debido, crecen y se desarrollan.

Otro mito es que la creatividad solo se aplica a unas actividades concretas, como las artes. Si bien es cierto que las artes requieren un elevado nivel de creatividad, no lo es que otras disciplinas, como las matemáticas, regentar un negocio o estudiar el cerebro no la precisen. Cuando el doctor Amedi estaba creando su método para enseñar a los ciegos a «ver» empleando sonidos, recurrió a todas sus facultades, como el aprovechamiento de conocimientos previos o la generación de nuevas ideas, análisis y diseños. En el primer capítulo tratamos cómo la imaginación nos permite visualizar posibilidades alternativas, y cómo la creatividad nos dota de las herramientas para ponerlas en práctica. Esto es exactamente lo que el doctor Amedi hizo. Imaginó una realidad en la que los ciegos podían ver y utilizó su capacidad creativa, combinada con sus conocimientos científicos, para hacerla posible. Sin embargo, la neurociencia no se considera tradicionalmente una disciplina creativa. Al contrario, para cumplir los requisitos necesarios para estudiar neurociencia, a menudo hay que exhibir un tipo determinado de inteligencia a expensas de cualquier otro.

Puedes ser creativo en cualquier ámbito que haga uso de tu inteligencia. Gracias a la diversidad de la inteligencia humana, tenemos tantas capacidades de creatividad distintas. Esto se debe a que la inteligencia y la creatividad son parientes de sangre. No puedes ser creativo sin actuar de manera inteligente, y la forma más elevada de inteligencia es pensar de manera creativa. Las dos coexisten y trabajan conjuntamente.

Vivir en dos mundos

No vivimos en un mundo, sino en dos. El primero es el mundo que nos rodea: el mundo exterior de las ciudades y los territorios en los que vivimos, la gente de nuestro entorno, los objetos materiales y los acontecimientos y las circunstancias. El segundo es el mundo que llevamos dentro: el mundo interior de nuestra conciencia personal. El mundo situado a tu alrededor existe tanto si tú existes como si no. Ya estaba cuando naciste y seguirá estando cuando te vayas. Al menos eso esperamos. El mundo de tu interior existe solo porque tú existes. Nació cuando tú naciste y, que nosotros sepamos, morirá cuando tú mueras. Nuestra vida está formada por las continuas interacciones entre esos dos mundos.

Una medusa y una orca pueden habitar la misma parte del océano, pero viven en universos totalmente distintos debido a cómo están formados y lo que perciben de su entorno. Lo que es aplicable a las orcas y a las medusas también lo es al ser humano. Si midiésemos tres metros y medio de estatura, tuviésemos alas y el oído de un perro, la vida sería bastante distinta para nosotros. Pero la vida de los humanos no se limita a su dimensión física: además de tener que enfrentarnos a nuestras circunstancias físicas, también debemos descifrar nuestros entornos culturales, así como nuestros pensamientos, interpretaciones y emociones.

Del mismo modo que los niños no nacen siendo tablas rasas, el mundo al que vienen está lleno de los conocimientos, los artefactos y el legado de diez mil generaciones de humanos. Somos herederos de grandes reservas de conocimiento humano forjado por innumerables mentes en muchos campos, entre distintas culturas y a lo largo de los siglos.

La dinámica de la naturaleza y la educación genera una enorme diversidad de aptitudes, caracteres y personalidades individuales. Lo que pensamos del mundo que nos rodea está profundamente influido por nuestros sentimientos, y lo que sentimos a menudo está determinado por nuestro conocimiento, nuestras percepciones y nuestras experiencias. Como la escritora Anaïs Nin dijo en una ocasión: «No veo el mundo como es, lo veo como yo soy». Todos moldeamos nuestra vida a través de las perspectivas que desarrollamos y de las decisiones que tomamos. Todos los niños nacen con unas posibilidades inmensas. Alcanzar ese potencial dependerá de lo bien que prosperen en los dos mundos, el externo y el interno. La calidad de la educación que reciben es fundamental para crear las condiciones adecuadas. La educación debe ser el puente entre esos dos mundos. Saber cómo tender ese puente es la base con la que hacerlo más seguro para todos nuestros niños.

4

La promesa de la educación

La educación debe permitir a los alumnos entender el mundo que los rodea y las aptitudes que poseen para que se conviertan en individuos realizados y ciudadanos activos y solidarios.

Para qué sirve la educación?». Resulta que la gente tiene respuestas muy diferentes a esta pregunta. Es lo que se conoce como un «concepto esencialmente controvertido». Como «democracia» y «justicia», «educación» significa distintas cosas para cada persona. Varios factores pueden contribuir a la función que una persona atribuye a la educación; entre ellos, su entorno y sus circunstancias. También interviene su opinión sobre asuntos relacionados como el origen étnico, el género y la clase social. Aun así, no tener una definición consensuada de la educación no quiere decir que no podamos hablar de ello ni hacer nada al respecto. Solo necesitamos ser claros con las palabras.

Ciertos términos suelen confundirse o usarse de manera intercambiable («aprendizaje», «educación», «formación» y «escuela»), pero hay importantes diferencias entre ellos: el aprendizaje es el proceso por el cual adquirimos nuevos conocimientos; la educación es un sistema organizado de aprendizaje; la formación es un tipo de educación centrada en adquirir determinados conocimientos, y una escuela es una comunidad de aprendices, un grupo que se reúne para aprender unos con otros y unos de otros. Es crucial diferenciar estos términos: a los niños les encanta aprender, lo hacen de forma natural; muchos lo pasan mal con la educación y algunos tienen graves problemas en la escuela.

Existen muchas ideas preconcebidas sobre la educación obligatoria. Una es que los jóvenes tienen que saber, entender y poder hacer determinadas cosas que probablemente no harían si les dejasen hacer lo que quisieran. Qué cosas son esas y cómo garantizar mejor que los alumnos las aprendan son asuntos complicados y a menudo controvertidos. Otra idea preconcebida es que la educación obligatoria es una forma de preparación para lo que vendrá después, como conseguir un buen trabajo o tener una educación superior.

Así pues, ¿qué significa hoy recibir una educación? Yo creo que la educación debería ensanchar la conciencia, las capacidades, las sensibilidades y la comprensión cultural de cada uno. Debería ampliar nuestra visión del mundo. Como todos vivimos en dos mundos —el interior, que solo existe porque tú existes, y el exterior, el que te rodea—, la principal función de la educación es permitir que el alumno los comprenda ambos. Y en el clima actual existe un nuevo reto urgente: ofrecer formas de educación que involucren a los jóvenes en los problemas económicos mundiales del bienestar medioambiental.

Esta función se puede dividir en cuatro objetivos básicos:

Personal

La educación debe permitir a los alumnos involucrarse en su mundo interior y en el que les rodea. En las culturas occidentales hay una distinción clara entre los dos mundos, entre pensar y sentir, objetividad y subjetividad. Se trata de una distinción errónea. Existe una profunda correlación entre nuestra experiencia de la realidad que nos rodea y el modo en que nos sentimos. Como tratamos en los capítulos anteriores, todos los individuos tienen distintas virtudes y flaquezas, puntos de vista y personalidades. La forma física de los alumnos no es uniforme, como tampoco lo son sus capacidades y personalidades. Todos tienen sus aptitudes y sus caracteres, y distintas formas de entender el mundo. La educación, por tanto, es profundamente personal. Se trata de cultivar las mentes y los corazones de personas reales. Conseguir que se impliquen como individuos es crucial para mejorar su rendimiento.

La Declaración Universal de los Derechos Humanos deja bien claro que «todos los seres humanos nacen libres e iguales en dignidad y derechos» y que «la educación tendrá por objeto el pleno desarrollo de la personalidad humana y el fortalecimiento del respeto a los derechos humanos y a las libertades fundamentales». Muchos de los problemas más graves de los actuales sistemas educativos son consecuencia de haber perdido de vista este principio básico.

Cultural

Los colegios deben permitir que los alumnos entiendan sus culturas y respeten la diversidad de las demás. Existen varias definiciones de cultura, pero en este contexto la más adecuada es «los valores y formas de conducta que caracterizan a distintos grupos sociales». Hablando en plata, es «el modo en que hacemos las cosas por aquí». La educación es uno de los métodos de los que se sirven las comunidades para transmitir sus valores de una generación a la siguiente. Para algunos, la educación es una forma de proteger una cultura de influencias externas; para otros, una manera de fomentar la tolerancia cultural. A medida que el mundo se masifica y se conecta cada vez más, se vuelve más complejo desde el punto de vista cultural. Vivir de manera respetuosa con la diversidad no solo es una elección ética, sino también un imperativo práctico.

Los colegios deben tener tres prioridades culturales: ayudar a los alumnos a entender sus culturas, entender otras culturas y promover un espíritu de tolerancia y de coexistencia en este ámbito. Las vidas de todas las comunidades se pueden beneficiar enormemente celebrando sus propias culturas y las prácticas y tradiciones de otras.

Económico

La educación debe permitir a los alumnos ser responsables e independientes en el plano económico. Este es uno de los motivos por los que a los gobiernos les interesa tanto la educación: saben que una población activa instruida es imprescindible para generar bonanza económica. Los líderes de la Revolución industrial también sabían que la educación era decisiva para crear el tipo de trabajadores que requerían. Pero el mundo laboral ha cambiado profundamente desde entonces y sigue haciéndolo a un ritmo vertiginoso. Sabemos que están desapareciendo muchos trabajos consolidados décadas anteriores y están siendo sustituidos rápidamente por equivalentes contemporáneos. Es casi imposible predecir qué rumbo tomarán los avances tecnológicos y adónde nos llevarán.

¿Cómo pueden preparar los colegios a los alumnos para desenvolverse en un panorama económico en constante cambio como el descrito? Deben conectar a los estudiantes con sus aptitudes e intereses particulares, deshacer la división entre programas académicos y vocacionales, y fomentar la colaboración práctica entre los colegios y el mundo laboral de manera que los jóvenes puedan experimentar los entornos de trabajo como parte de su educación, y no simplemente cuando llega el momento de incorporarse al mercado laboral.

Social

La educación debe permitir a los jóvenes convertirse en ciudadanos activos y solidarios. Vivimos en complejos entramados sociales, y los beneficios que obtenemos de ellos dependen de nuestro trabajo conjunto para mantenerlos. El empoderamiento de los individuos tiene que equilibrarse profesando los valores y las responsabilidades de la vida colectiva, y de la democracia en concreto. Nuestras libertades en las sociedades democráticas no son automáticas; son el resultado de siglos de lucha contra la tiranía y la autocracia y contra quienes fomentan el sectarismo, el odio y el miedo. Esas luchas están lejos de haber acabado. Como observó John Dewey: «La democracia tiene que nacer de nuevo cada generación, y la educación es su comadrona».

Para que una sociedad democrática funcione, la mayoría de su población debe participar activamente en el proceso democrático. En muchas democracias esta situación se da cada vez menos. Los colegios deben lograr que los alumnos se conviertan en demócratas implicados, en personas activas y proactivas. Un curso de educación cívica permite arañar la superficie, pero para fomentar un profundo respeto por la democracia, es imprescindible ofrecer a los jóvenes experiencias democráticas insertadas en la vida real antes de que tengan la edad para votar.

Ocho competencias básicas

El plan de estudios convencional se basa en un conjunto de asignaturas. Estas asignaturas se priorizan según las creencias sobre el conocimiento limitado de la inteligencia del que hablamos en el anterior capítulo, más lo que se considera importante en fases posteriores de la vida. El concepto de «asignatura» hace pensar que cada materia, ya sea matemáticas, ciencias, arte o lengua, es una entidad totalmente diferenciada de las otras. Esta idea es problemática. Las matemáticas, por ejemplo, no se definen únicamente por el conocimiento proposicional; son una combinación de tipos de conocimiento, incluidos conceptos, procesos y métodos, además del conocimiento proposicional. Lo mismo puede decirse de las ciencias, el arte y los idiomas, y también del resto de las asignaturas. Por lo tanto, es mucho más útil centrarse en el concepto de disciplinas antes que en el de asignaturas.

Las disciplinas son fluidas; se fusionan y colaboran continuamente. Si nos centramos en las disciplinas y no en las asignaturas, también podemos ahondar en el concepto de aprendizaje interdisciplinario. Se trata de un enfoque holístico que refleja la vida real con más fidelidad: es raro que fuera de la escuela las actividades estén tan claramente segregadas como parece indicar el plan de estudios convencional. Por ejemplo, un periodista que escribe un artículo debe dominar destrezas como la conversación, el razonamiento deductivo, la lectura y la escritura, así como las ciencias sociales. Un cirujano debe entender el concepto académico del estado del paciente, y también la aplicación práctica del tratamiento adecuado. Al menos esto es lo que deberíamos esperar si nos llevasen en camilla al quirófano.

El concepto de disciplinas nos sitúa en un punto de partida más idóneo a la hora de concebir el plan de estudios, en el que debemos preguntarnos qué necesitan saber y qué deben poder hacer los alumnos como resultado de su educación. Los cuatro objetivos citados más arriba plantean ocho competencias básicas que, debidamente integradas en la educación, capacitarán a los alumnos cuando terminen sus estudios para lidiar con los retos económicos, culturales, sociales y personales a los que inevitablemente se enfrentarán en la vida. Esas competencias son la curiosidad, la creatividad, el sentido crítico, la comunicación, la colaboración, la compasión, la calma y el civismo. En lugar de activarse con la edad, deben estar imbricadas desde el comienzo de la trayectoria educativa de un alumno y fomentarse de principio a fin.

Curiosidad: la capacidad de hacer preguntas y averiguar cómo funciona el mundo

Los bebés nacen siendo profundamente curiosos. Es la curiosidad la que permite a unas diminutas criaturas indefensas que dependen de sus padres para satisfacer cada necesidad mientras están despiertos (y también dormidos) convertirse en niños independientes. También es la curiosidad la que predispone a esos niños a hacer más preguntas de las que los padres pueden responder. La curiosidad es nuestro instrumento de aprendizaje más completo en los primeros años de vida.

Cada paso adelante que ha dado la humanidad ha estado impulsado por el deseo inherente de explorar, de preguntarse cómo funcionan las cosas, de plantearse por qué y atreverse a «imaginar si...». Los niños son curiosos por naturaleza, y cuando esa curiosidad se incentiva, les permite aprender por sí mismos, aprender de los demás y aprender del entorno. Los buenos profesores saben potenciar y orientar esa curiosidad: despertar el interés y alentar las ansias de explorar.

Creatividad: la capacidad de generar nuevas ideas y ponerlas en práctica

A medida que los retos a los que se enfrentan los jóvenes se multiplican, es imprescindible ayudarles a desarrollar sus capacidades creativas. Al igual que la imaginación, la creatividad no es una facultad aislada situada en una parte del cerebro, sino una facultad global que surge de las complejas funciones de la mente en conjunto. La creatividad es posible en todas las áreas de la vida. Se puede cultivar y perfeccionar, pero se necesita un dominio creciente de destrezas, conocimientos e ideas. El trabajo creativo en cualquier dominio requiere un control cada vez mayor de los conocimientos, los conceptos y las prácticas que han dado forma a ese dominio y una profunda conciencia de las tradiciones y los logros en los que se basa.

Sentido crítico: la capacidad de analizar información e ideas y elaborar argumentos y juicios razonados

Una de las características de la inteligencia humana es nuestra capacidad para considerar argumentos de forma lógica y sopesar pruebas de un modo desapasionado. Nuestra prosperidad como humanos siempre ha dependido de esas aptitudes del pensamiento crítico, pero las dificultades a las que nos enfrentamos actualmente las hacen todavía más imperativas. Hoy en día, los jóvenes reciben un intenso bombardeo de estímulos para captar su atención. La línea que separa la realidad de la ficción, las fuentes fiables de la propaganda enmascarada como ciberanzuelo, se está desdibujando. Buscar la verdad en un mar de engaños se está volviendo una actividad diaria cada vez más difícil, y es preciso ayudar a los jóvenes a dominarla. El pensamiento crítico debe estar en el seno de todas las disciplinas escolares.

Comunicación: la capacidad de expresar pensamientos y emociones con claridad y confianza en distintos medios y de distintas formas

La comunicación no solo se basa en palabras y números. Pensamos y nos comunicamos de todas las maneras en que experimentamos el mundo. Pensamos a través de sonidos e imágenes, de movimiento y de todas las formas que lo hacen posible, como la música, la poesía y la danza. También pensamos a través de metáforas y analogías: razonamos y empatizamos; especulamos y suponemos; imaginamos y creamos. La fluidez en la lectura, la escritura y las matemáticas es un imperativo aceptado en la educación, y así debe ser. Pero es igual de importante fomentar el lenguaje claro y seguro. La comunicación verbal no solo se basa en los significados literales; también consiste en apreciar las metáforas, las analogías, las alusiones y otras formas poéticas y literarias del lenguaje. Ser capaces de formar y comunicar pensamientos y emociones es fundamental tanto para el bienestar personal como para el éxito colectivo y la colaboración.

Colaboración: la capacidad de trabajar de forma constructiva con los demás

La aventura humana solo se puede llevar a cabo mediante complejas formas de colaboración. Sin la capacidad de trabajar con los demás, no tendríamos ninguna posibilidad de superar los retos a los que nos enfrentamos colectivamente. Por suerte, los seres humanos somos animales sociales: vivimos y aprendemos en compañía de otros. Esto se da en la mayoría de las situaciones, pero casi nunca se cultiva en entornos escolares. Con demasiada frecuencia, los jóvenes aprenden en el seno de un grupo, pero no como grupo. El trabajo en grupo permite solucionar problemas y alcanzar metas comunes. Aprovechando las virtudes del otro, mitigando las flaquezas y compartiendo ideas, los alumnos aprenden a resolver conflictos y respaldar soluciones consensuadas.

Solidaridad: la capacidad de empatizar con los demás y actuar en consecuencia

La empatía consiste en identificarse con las emociones de los demás e imaginar cómo nos sentiríamos en circunstancias parecidas. La solidaridad es la práctica de la empatía. Muchos problemas a los que se enfrentan los jóvenes, como el acoso escolar, la violencia y los prejuicios, tienen su origen en la falta de solidaridad. En el mundo adulto, los conflictos culturales y las brechas sociales perniciosas se exacerban cuando no hay solidaridad. A medida que el mundo se vuelve más interdependiente, cultivar esta cualidad se ha vuelto un imperativo moral. También es una forma de comprometerse espiritualmente a tratar a los demás como te gustaría que te tratasen a ti. La práctica de la solidaridad es la expresión más sincera de nuestra humanidad común, y puede ser una gran fuente de felicidad tanto para nosotros como para los demás.

Calma: la capacidad de conectar con la vida íntima de las emociones y desarrollar cierta armonía y equilibrio personal

Muchos jóvenes padecen ansiedad y depresión en el colegio por diversos motivos; algunos tienen que ver con el propio centro educativo y otros son situaciones ajenas a él. Una de las muchas razones por las que un colegio no debe existir en el vacío es que afecta a las vidas de las personas tanto si esos problemas se reconocen como si no. El hecho de no reconocerlos, y añadir estrés con un exceso de tareas o con la presión derivada de los exámenes, puede provocar desmotivación, ira y males aún peores. Los colegios pueden mitigar los efectos transformando sus culturas para adoptar un enfoque holístico con cada niño. También pueden ofrecer a los alumnos el tiempo y las técnicas para ahondar en su mundo interior mediante la práctica diaria de *mindfulness* y meditación. Cada vez más centros están adoptando esta práctica, y tanto alumnos como profesores disfrutan de sus beneficios.

Civismo: la capacidad de involucrarse constructivamente en la sociedad y participar en los procesos que la sustentan

Los ciudadanos comprometidos pueden influir en el mundo cuando participan activamente en sus comunidades y son responsables de sus actos. Los colegios ejercen un papel decisivo a la hora de cultivar ese espíritu de civismo. Esto implica concienciar a los jóvenes sobre sus derechos y responsabilidades, informarles de cómo funcionan los sistemas sociales y políticos, fomentar su preocupación por el bienestar de los demás y brindarles oportunidades de que expresen sus opiniones y argumentos, además de propiciar experiencias relacionadas con los procesos democráticos en el mundo real durante toda su educación. La infancia no es un ensayo. Los jóvenes están viviendo sus vidas, y en quién se conviertan y qué hagan en el futuro dependerán por completo de lo que experimenten en el presente. Hay que practicar y renovar continuamente las destrezas del civismo.

Una educación contemporánea

Estos cuatro objetivos y ocho competencias constituyen aspectos decisivos del ser humano. Son, ni más ni menos, que lo que esperamos de cada adulto con el que nos encontramos en nuestra vida profesional y personal. A pesar de los cambios ampliamente reconocidos, y absolutamente ineludibles, que las sociedades de todo el mundo siguen experimentando, por lo general los sistemas educativos permanecen anclados en el pasado. La respuesta no consiste en limitarnos a seguir haciendo lo que siempre hemos hecho. Las soluciones no están en la retaguardia. El reto no es reformar nuestros sistemas, sino transformarlos. Para que podamos formar bien a los niños que prosperarán en el mundo que están heredando, debemos revolucionar la educación. La revolución que necesitamos pasa por reconsiderar cómo funcionan los colegios.

5

De la fábrica a la granja

Estamos agotando nuestros recursos del mismo modo que estamos agotando los recursos naturales del planeta. Si no abordamos urgentemente estos dos problemas, nuestro futuro corre peligro.

Los métodos tradicionales de formación académica se suelen comparar con una fábrica industrial. Según esta analogía, los niños son el producto fabricado siguiendo un proceso lineal por una cinta transportadora; los profesores son los obreros, responsables de sus respectivas secciones, y la producción está jalonada de una serie de controles de calidad. Todo el proceso es rutinario, está predefinido y se encuentra regulado. No es de extrañar que este símil se haya hecho popular: el objetivo común de la fabricación en serie y la mayoría de los sistemas educativos es la creación de un producto final estandarizado, y los métodos empleados para conseguirlo son extraordinariamente parecidos.

La analogía de la fábrica pone de relieve muchos de los problemas de la educación convencional. Sin embargo, las personas no son objetos inanimados. Los objetos inanimados, ya sean tornillos o aviones, no tienen opiniones sobre cómo los fabrican o lo que les pasa. La gente sí. Las personas tienen sentimientos, motivaciones, preocupaciones, circunstancias personales y aptitudes. Les interesa lo que les pasa, y lo que les pasa determina quiénes son. Es algo válido tanto para los niños como para los adultos. En contra de lo que comúnmente se cree, la vida no empieza a los dieciocho años, ni cuando los estudiantes de secundaria cruzan el estrado para recoger sus títulos de bachillerato. Empieza mucho antes de que el «producto» final se embale y se envíe.

La Revolución industrial dio lugar a extraordinarias innovaciones en el campo de la energía, la producción, el transporte, la agricultura, la higiene y la medicina. También dio lugar a los sistemas educativos de masas que conocemos hoy en día, y los hizo a su imagen para adaptarlos a sus propósitos. Cabe deducir, por tanto, que un modelo industrial de educación guardaría parecidos con las fábricas industriales, y así es. Sin embargo, la analogía más acertada de la educación industrial no es la fabricación de objetos inanimados, sino la producción industrial de seres vivos. No es una fábrica industrial, sino una granja industrial.

Agricultura y ganadería industrial

La Revolución industrial redefinió el concepto de normalidad. El progreso que trajo consigo la producción y la tecnología provocó un cambio permanente en la agricultura. La mecanización hizo posible arar enormes extensiones de terreno que produjeron grandes monocultivos. Se introdujeron fertilizantes químicos a gran escala para «proteger» las cosechas cultivadas en esos entornos antinaturales de los ecosistemas naturales que estas atraen. Con ello se eliminaron las cadenas alimentarias de insectos que comen las cosechas, y animales pequeños y pájaros que comen las semillas y los insectos.

La Revolución industrial adoptó un enfoque parecido sobre la ganadería, sustituyendo el pastoreo tradicional por granjas industriales. Empezaron a criarse grandes cantidades de animales en instalaciones cerradas y muchas veces no podían acceder al mundo exterior en toda su vida. Como en el caso de los cultivos, la producción industrial de animales está concebida para maximizar la producción al mínimo coste económico.

No obstante, el coste para los humanos y para el planeta ha sido considerable, y apenas estamos empezando a entender las consecuencias a largo plazo. Por ejemplo, la producción animal en condiciones industriales depende del uso de potentes antibióticos. Estas sustancias se usan con varios fines en la cría de ganado; por ejemplo, para tratar a animales enfermos, prevenir las enfermedades de los sanos y estimular el crecimiento.[1] De hecho, el sector de los productos animales representa aproximadamente el 80 por ciento del consumo mundial de antibióticos,[2] que la mayoría de las veces se administran a animales sanos y no a enfermos. Este abuso de los antibióticos es un factor que contribuye al aumento de la resistencia a los antibióticos a nivel mundial, un fenómeno que la Organización Mundial de la Salud describe como «uno de los mayores peligros para la salud mundial, la seguridad alimentaria y el desarrollo en la actualidad».[3] El problema no es que los humanos desarrollemos resistencia, sino que las bacterias también la desarrollen. Cuando nos contagiamos de bacterias resistentes a los antibióticos y enfermamos, los contagios son mucho más difíciles de tratar y causan enfermedades más largas, hospitalizaciones más prolongadas e índices de mortalidad más elevados. Las bacterias resistentes a los antibióticos no solo se encuentran con frecuencia en la carne que consumimos, sino que multitud de pruebas indican que esas bacterias se pueden hallar en el aire del interior y del exterior de las granjas industriales, en el agua de ríos y arroyos, adheridas a moscas, e incluso arrastradas por el aire generado en la parte trasera de los vehículos que transportan ganado;[4] esto significa que nuestro riesgo de exposición es cada vez más alto, lo cual es del todo innecesario.

Otra consecuencia permanente de la ganadería industrial es que el incremento de la producción que han posibilitado esos sistemas de producción ha generado un aumento del apetito. Debido a ello, se cría un número excesivamente elevado de vacas, cerdos, ovejas y aves de corral para satisfacer la demanda. El aumento de la cría de determinadas especies ha provocado la erradicación de miles de especies que nos resultan menos apetitosas, algunas por exterminio intencionado y la mayoría como daños colaterales del estilo de vida antropocéntrico de la humanidad. Además, la cría de grandes cantidades de ganado contribuye enormemente al aumento de los gases de efecto invernadero que calientan el planeta; se estima que la ganadería es responsable de entre el 30 y el 51 por ciento de todas las emisiones de gases de efecto invernadero producidas.[5]

La producción industrial está causando estragos en los hábitats naturales, degradando el suelo y envenenando los océanos. Estamos destruyendo antiguos ecosistemas y cadenas alimentarias cruciales de las que depende toda forma de vida, incluida la nuestra. Hoy en día, la mayoría de nosotros vivimos en ciudades, otra consecuencia de la Revolución industrial, y por eso es fácil olvidar que formamos parte de la naturaleza y dependemos de su salud para conservar la nuestra.

Hay marcados paralelismos entre la forma en que estamos despojando la Tierra de unos recursos naturales diversos y esenciales y las repercusiones de nuestros sistemas sociales, que están acabando con la variedad de recursos humanos; en concreto, nuestros sistemas educativos.

Del mismo modo que el océano depende de la gran variedad de vida animal y vegetal que alberga para mantener su delicado equilibrio, nuestro ecosistema humano depende de la variedad de aptitudes y destrezas que poseemos para alimentar nuestros estilos de vida cada vez más complejos y enrevesados. Sin embargo, así como la ganadería industrial está diezmando el océano de sus necesarios habitantes a través de la destructiva pesca de arrastre y desmesuradas cantidades de capturas accidentales (peces u otras formas de vida atrapadas sin querer durante la pesca y devueltas al mar para que mueran en sus aguas), los sistemas educativos están agotando nuestra variedad innata de aptitudes priorizando una pequeña muestra representativa de destrezas y asignaturas consideradas más importantes que otras, y deshaciéndose del resto.

Educación industrial

La Revolución industrial requería un determinado sistema educativo para conseguir un resultado concreto: mano de obra estratificada. Por este motivo, el sistema que creó también estaba estratificado y encaminado a preparar a un pequeño grupo de estudiantes para ocupar puestos administrativos y especializados, un grupo más grande destinado al comercio, y el grueso para realizar trabajos de obrero. El industrialismo necesitaba muchos más trabajadores manuales que graduados universitarios, y el sistema se diseñó como una pirámide para satisfacer esa necesidad.

A pesar de los cambios astronómicos de circunstancias entre la Revolución industrial y el siglo XXI, los sistemas académicos de educación siguen siendo iguales en líneas generales. Alumnos y profesores pasan grandes cantidades de tiempo en condiciones diseñadas para la producción en masa de un producto estandarizado, el estudiante, que se centra por sistema en los resultados y el rendimiento. Mientras que las granjas industriales priorizan la cantidad, el tamaño y el coste por encima de la calidad, la salud y los ecosistemas naturales, nosotros priorizamos los datos de las pruebas, la asistencia y la admisión en la universidad por encima del bienestar, la creatividad y el aprendizaje. Mientras que las granjas industriales administran enormes cantidades de antibióticos a los cultivos y el ganado, nosotros recetamos medicamentos estabilizadores del estado de ánimo y potenciadores de la atención a los niños para compensar los elevados niveles de ansiedad, estrés y falta de motivación que experimentan.

Esto tiene sus consecuencias. La depresión es la cuarta causa de enfermedad y discapacidad entre los jóvenes de 15 a 19 años, y la decimoquinta entre los chicos de 10 a 14 años.[6] Hay muchos factores distintos que contribuyen a esa estadística; entre ellos, los traumas, los abusos, la enfermedad y la pobreza. Tampoco se puede pasar por alto que si se obliga a los niños a estar sentados durante horas, día tras día, haciendo tareas que no les interesan, encaminadas a unos exámenes que los intimidan, con el fin de prepararse para una meta que no los estimula, estos puedan estar inquietos y sentir ansiedad, estrés y falta de motivación.

Como la mayoría de sus métodos, el plan educativo de la Revolución industrial se basaba en la conformidad. El problema de la conformidad en la educación es que, para empezar, la gente no está cortada por el mismo patrón. Cuestionar la idea de conformidad en los colegios no significa defender el comportamiento antisocial. Todas las comunidades se apoyan en el respeto a unas convenciones. Cuestionar la conformidad en la educación significa poner en duda la tendencia institucional a juzgar a los estudiantes por un solo criterio de aptitud. En este sentido, la alternativa a la conformidad es celebrar la diversidad. Hasta que no empecemos a celebrar plenamente la vibrante diversidad que hace de nuestra especie algo tan excepcional, seguiremos agotando nuestros recursos del mismo modo que estamos agotando los recursos naturales del planeta. Si no cambiamos de actitud en ambos aspectos, las repercusiones serán desastrosas. Podemos tomar lecciones de uno y aplicarlas al otro.

Agricultura regenerativa

Los científicos coinciden ampliamente en que los sistemas industriales de agricultura son insostenibles. La Tierra no dispone de suficientes recursos para atender la demanda que le imponemos. La buena noticia es que están surgiendo movimientos de agricultura regenerativa y resalvajización (*rewilding*) que se diferencian mucho de los modelos industriales en sus planteamientos. En lugar de centrarse en la estandarización, priorizan la diversidad.

Los agricultores regenerativos dan prioridad al ecosistema. Se centran en la tierra antes que nada. La tierra es un ecosistema rico y fértil de por sí. Si la tierra está sana, florece vida indefinidamente. En una tierra sana crecen distintos cultivos muy cerca unos de otros a modo de protección natural. A continuación, los cultivos crean las condiciones idóneas para que los insectos y la fauna que dependen de ellos prosperen. Los agricultores regenerativos siguen las estaciones y tienen ciclos naturales de rotación de cultivos. El mismo enfoque se adopta en la cría de animales, que campan a sus anchas por los prados. De esta forma, los animales de pastoreo no solo reciben todo lo que necesitan, sino que desempeñan un papel decisivo en la conservación de las praderas, que a su vez alimentan a los insectos polinizadores, absorben el agua y ayudan a que el ecosistema prospere manteniendo la salud de la tierra.

La resalvajización es el proceso consistente en renovar los ecosistemas naturales hasta que puedan cuidar de sí mismos, y se lleva a cabo reservando grandes extensiones de terreno, bosque o mar como zonas protegidas. También se pone en práctica reintroduciendo especies clave para ayudar al ecosistema. En esencia, la resalvajización ofrece al mundo natural un respiro necesario de la intervención humana, incluyendo la caza, la tala de árboles o la pesca, para que tenga la oportunidad de recuperarse. Y, en efecto, se recupera. Una de las facetas más increíbles del mundo natural es su capacidad de curación. La vida siempre se abre paso. Tomemos como ejemplo Chernóbil: menos de cincuenta años después del peor desastre nuclear de la historia de la humanidad, la ciudad que fue evacuada en menos de veinticuatro horas y ha permanecido todo este tiempo sin tocar es ahora un próspero ecosistema de vida natural. Las imágenes del lugar son impresionantes: grandes árboles que crecen entre edificios y animales en peligro de extinción que campan a sus anchas entre calles desiertas.

Sin embargo, hay ejemplos más deliberados y menos destructivos de resalvajización, el más famoso de los cuales es la reintroducción de lobos en el Parque Nacional de Yellowstone en la década de 1990. En el siglo XIX se erradicó a los lobos de su hábitat natural, sobre todo a causa de la agricultura. Durante su ausencia, los ciervos empezaron a superpoblar e invadir el parque, y destruyeron gran parte de la flora debido al exceso de pastoreo. Cuando se decidió reintroducir a los lobos, estos no solo volvieron a un control selectivo de la población de ciervos, sino que también modificaron su conducta impidiéndoles acercarse a determinadas zonas del parque. Libres de los ciervos que se atiborraban de vegetación, los árboles pudieron alcanzar su altura máxima, las plantas empezaron a florecer, animales más pequeños pudieron alimentarse del mayor número de bayas, y las águilas y los halcones, a su vez, volvieron para alimentarse de ellos. La tierra se volvió más sana y las orillas del río se estabilizaron. Yellowstone empezó a prosperar otra vez.

Es importante señalar el motivo por el que la resalvajización es decisiva para el futuro del planeta, y es que nuestros sistemas industriales son responsables de la degradación de los hábitats y los ecosistemas naturales. En cierto modo, es imposible «resalvajizar»; no podemos recuperar del todo el Edén del mundo natural. En cambio, sí está en nuestra mano recrear las condiciones para que la vida se recupere y, con ello, revertir muchos de los daños que hemos provocado.

La agricultura regenerativa y las prácticas de resalvajización tienen en común el respeto por los ecosistemas. Ambas crean las condiciones para que la vida florezca y luego se retiran para ser meras espectadoras. En ese punto existe una sinergia con lo que necesitan nuestros sistemas educativos.

Resalvajizar la educación

Como los sistemas agrícolas que se desarrollan cuando la tierra es la adecuada, nosotros también nos desarrollamos cuando la cultura es la idónea. Un sistema educativo no tiene éxito porque haya exámenes y trabas destinadas a la obtención de resultados;

tiene éxito cuando se reconoce a los individuos y se celebra la diversidad de su talento. Tiene éxito cuando los alumnos están satisfechos y llevan vidas satisfactorias.

Los colegios forman parte de unos ecosistemas culturales más amplios, y así como los buenos agricultores cuidan los ecosistemas naturales de una planta, los buenos colegios cuidan sus conexiones con las comunidades más amplias de las que forman parte. Además, establecen nexos creativos dentro del propio centro educativo y abordan el aprendizaje fomentando la mezcla de edades, la transversalidad y la multidisciplinariedad. En lugar de criar a generaciones de monocultivos, promueven una cultura mixta de las ciencias, las artes y la tecnología, de las pasiones individuales y los caminos singulares que determinan.

La educación solo progresará de verdad cuando comprendamos y reconozcamos que también es un sistema vivo, y que el secreto está en estimular la cultura viva de los propios colegios. Al igual que los agricultores competentes se centran en la tierra con el fin de crear las condiciones para que las plantas crezcan y florezcan, los colegios competentes se centran en crear las condiciones para que los niños crezcan y florezcan. Pero ¿cómo se lleva esto a la práctica?

6

Obrar milagros

Nuestro papel consiste en crear las condiciones adecuadas para que la vida y el aprendizaje prosperen. Cuando lo conseguimos, descubrimos que en realidad nos dedicamos al sector de los milagros.

Un sistema es una serie de procesos relacionados que tienen un efecto combinado. Hay muchos tipos de sistemas distintos, que van de los simples a los complejos. Una palanca, por ejemplo, es un sistema simple: una barra rígida con un eje situado más cerca de un extremo. Cuando se aplica fuerza en el extremo largo, la palanca crea una fuerza mayor en el extremo corto. Los sistemas complicados están compuestos de muchos sistemas simples diseñados para trabajar conjuntamente, como un ordenador, un horno o una grúa mecánica.

Sin embargo, los sistemas vivos como las plantas, los animales y las personas no solo son sistemas complicados, sino también complejos. Los organismos vivos constan de muchos sistemas que parecen del todo independientes pero que en realidad están íntimamente relacionados, pues dependen unos de otros para mantener la salud del conjunto. Una flor con las raíces dañadas no brotará. Los sistemas vivos también dependen de la salud del entorno para sustentar la suya propia: un árbol que ha estado en pie cientos de años puede morir en un periodo repentino de sequía o a causa de unos vientos especialmente intensos. Aun así, los sistemas vivos también son capaces de adaptarse y evolucionar. Su relación con el entorno físico es dinámica. Por ejemplo, se sabe que algunos árboles de zonas umbrías crean una simbiosis llamada micorriza entre sus raíces y un hongo determinado de la tierra para nutrir a los árboles cercanos. El fenómeno, conocido como *wood wide web* («telaraña del bosque»), permite a los árboles centrales enviar nutrientes de un uno a otro, y con ello crean un cordón umbilical para los árboles que no tienen acceso a la luz del sol.

La educación es un sistema vivo complejo y adaptable: hay múltiples sistemas dentro del propio sistema que interactúan continuamente unos con otros para mantener la estructura en funcionamiento. Entre los sistemas «simples» que contribuyen al conjunto se encuentran los colegios y departamentos, los servicios sociales, los servicios de ayuda pedagógica y psicológica estudiantil, la asistencia médica y las agencias examinadoras y evaluadoras. Además, existen numerosos grupos de presión, como los formados por alumnos, padres, educadores, empleados, organizaciones profesionales y comerciales, editoriales, agencias evaluadoras y políticos. La educación existe gracias a acciones reales y personas todavía más reales. Por eso se adapta y evoluciona constantemente ante las nuevas tecnologías, los distintos ambientes políticos y los acontecimientos mundiales. Como la educación es flexible y está viva, puede cambiar, y como el clima y las condiciones en las cuales existe han cambiado mucho, por fuerza tiene que adaptarse.

Una comunidad de aprendices

Un ecosistema es otro sistema adaptable y complejo, una «comunidad biológica de organismos que interactúan y su entorno físico». Aunque tradicionalmente la palabra «ecosistemas» hace referencia al mundo natural (arrecifes de coral y selvas tropicales, por ejemplo), un colegio también es en gran medida un ecosistema. Cada colegio es una comunidad viva de personas que interactúan a través de sus relaciones, experiencias y emociones. Los distintos sistemas, como la secretaría, el mantenimiento, el desarrollo empresarial, los consejos o asociaciones de padres y alumnos, los representantes del bienestar estudiantil y los departamentos por materias, dependen unos de otros para que todo el colegio prospere. El plan de estudios y los horarios se pueden planificar meticulosamente, pero si el edificio se tambalea, la experiencia se resentirá. Por otra parte, el centro educativo puede tener un campus excepcional con instalaciones de primera categoría, pero si reina una cultura de acoso escolar, el entorno se volverá tóxico.

Los colegios también forman parte de ecosistemas culturales más amplios. No están segregados del tumulto de la vida cotidiana: están integrados en el mundo que los rodea en todos los sentidos. En concreto, los colegios componen el sistema educativo general, y por eso están directamente influidos por él. Si la prioridad absoluta de un sistema educativo es centrarse en la evaluación de los exámenes definitivos, sus colegios asumirán esa carga. Si el sistema general ve a los alumnos como puntos de referencia, corre el riesgo de que estos también se vean a sí mismos de igual forma. Si las raíces de un árbol están enfermas, al árbol le costará crecer. Si el clima político se inclina en determinadas direcciones, como los resultados de los exámenes y el ingreso en la universidad, un colegio tendrá problemas para encontrar recursos que destinar a otros fines.

Así pues, ¿cómo podemos reparar un sistema que ya no cumple su función? Empecemos estudiando los colegios partiendo de la definición del capítulo 4: una comunidad de aprendices, un grupo que se reúne para aprender unos con otros y unos de otros. Esa acepción puede incluir cualquier comunidad de aprendizaje, ya sea privada, pública, obligatoria, voluntaria, de escolarización en casa y de alumnos no escolarizados.

Estimular la cultura viva

Los buenos ecologistas saben que la mejor forma de que la naturaleza se recupere es crear las condiciones para que los ecosistemas prosperen. Abandonada a su suerte, la Tierra sabe cómo estimular la vida: su tendencia natural es precisamente la vida. Las malas iniciativas de conservación hacen lo contrario: desatienden la biodiversidad natural y dictan cada aspecto, desde la altura de la hierba hasta la ubicación de cada planta, pasando por qué especies pueden crecer cerca de ella y con qué frecuencia. El resultado puede parecer bonito por fuera, pero un examen más detenido revela una imitación mediocre de la naturaleza. Esas iniciativas de conservación se centran en los resultados, no en el proceso.

Existe un paralelismo entre esos proyectos y los movimientos de reforma educativa. Los movimientos de reforma desatienden la diversidad natural de las aptitudes humanas y dictan cada aspecto de la enseñanza, desde las listas de lecturas hasta la distribución de las aulas, pasando por los horarios. El resultado puede parecer bonito por fuera, pero un examen más detenido revela una imitación mediocre del aprendizaje. Se centran demasiado en los resultados, en las notas de los exámenes y los índices de graduados, y no en el proceso.

La tendencia natural de los niños es aprender. Si los alumnos no aprenden, no hay educación. El objetivo principal de un colegio es, pues, crear las condiciones óptimas para que se imparta la educación. Para lograrlo, debemos estimular la cultura viva de los colegios centrándonos en crear las condiciones para que los ecosistemas se desarrollen. La clave de un ecosistema próspero es la diversidad. Por suerte, los colegios son un terreno abonado para la diversidad. Entonces, ¿qué características tiene un ecosistema escolar próspero?

Valora a sus profesores

La relación entre profesores y alumnos ocupa una posición central en la educación. Los colegios, y los sistemas educativos en un sentido más amplio, cometen un grave error al despreciar el valor de los docentes. Algunos de los sistemas educativos más importantes del mundo restan capacidades a sus profesores, les pagan mal y les subestiman. Les asignan el papel de trabajadores sociales cuyo trabajo consiste en «cumplir» unos niveles de calidad como si trabajasen en una fábrica. Esos sistemas controlan en exceso a sus profesores, y en algunos casos incluso vinculan su estabilidad laboral al rendimiento de los estudiantes: si los niños aprueban, ellos también. Mientras tanto, hacen caso omiso de sus opiniones y su experiencia profesional. En cambio, los sistemas educativos prósperos valoran especialmente la importancia de contar con docentes bien formados, muy motivados y debidamente remunerados. Confían en su trabajo y los tratan como los profesionales que son.

Enseñar es un arte. Los buenos profesores utilizan un amplio repertorio de estrategias, desde la instrucción directa hasta las actividades de andamiaje, y como todo profesional genuino, se sirven de su juicio y su experiencia para saber qué métodos utilizar dependiendo de cada situación concreta. La docencia efectiva es un proceso constante de ajuste, juicio y respuesta. En sus distintas labores, los profesores inspiran su pasión a los alumnos; les ayudan a adquirir las destrezas y los conocimientos que necesitan para convertirse en estudiantes seguros e independientes, y les permiten investigar, hacer preguntas y desarrollar las destrezas y el carácter del pensamiento original.

Un ecosistema escolar saludable otorga poder a sus profesores, los anima y promueve su crecimiento y su desarrollo.

Es interdisciplinario

En el capítulo 4 abordamos la idea de disciplinas en contraposición a la de asignaturas. Uno de los problemas de la clasificación por asignaturas es que las distintas áreas del plan de estudios se definen solo por su temática. Una suposición común, por ejemplo, es que las ciencias y las artes son materias opuestas. Se da por sentado que las ciencias versan exclusivamente sobre la verdad, la objetividad y los datos concretos; por el contrario, a las artes solo les interesan los sentimientos, la creatividad y la subjetividad. En realidad, las artes y las ciencias se combinan continuamente. Cada uno de los grandes descubrimientos que han hecho avanzar la ciencia se han basado en profundos ejercicios de imaginación combinados con la ingenuidad práctica de los experimentos, mientras que las artes son formas sumamente disciplinadas de práctica que requieren técnicas refinadas y juicio crítico.

El concepto de disciplinas en lugar de asignaturas facilita la dinámica del trabajo interdisciplinario. Permite la polinización cruzada natural entre todas las facetas del plan de estudios de una manera que refleja mucho mejor la vida real. Fuera de los colegios, las disciplinas cambian y evolucionan; son campos dinámicos de investigación. Dentro de los colegios también debería ser así.

Mezcla grupos de edad

En todos los ejemplos que hemos estudiado, cada niño piensa, se comporta y aprende de forma distinta. Aunque hay varios hitos que la mayoría de ellos alcanzan aproximadamente a la misma edad, como andar y hablar o entrar en la pubertad, si eres padre sabrás que cada niño sigue su propia vía de desarrollo. Los niños aprenden distintas cosas a diferentes ritmos: puede que uno sea un lector entusiasta a una tierna edad, pero tarde más en ajustar su motricidad general; otro puede entender conceptos científicos con facilidad, pero necesitar más ayuda con las aptitudes comunicativas.

En los colegios tradicionales se enseña a los niños en grupos de edad concretos: todos los niños de siete años juntos en un grupo, separados de todos los de nueve años. Desde un punto de vista administrativo, tiene lógica. También tiene lógica desde la perspectiva de las prioridades industriales. Sin embargo, en lo referente a qué y cómo aprenden los niños, la segregación por edad tiene muy poca lógica.

Cuando niños de distintas edades aprenden juntos, es posible agruparlos por su grado de dominio en lugar de por su edad cronológica. Los alumnos más pequeños se pueden beneficiar de la relativa sofisticación de los mayores, que refuerzan sus conocimientos ayudando a los más pequeños. Juntando distintas edades, la experiencia, los conocimientos y la capacidad de cada uno mejoran. Además, los niños pueden apoyarse unos a otros y desarrollar la empatía, la responsabilidad y la paciencia.

Al romper la barrera de la edad de esta forma, los profesores tienen la oportunidad de aprender de los alumnos, cosa que beneficia a las dos partes. Cuando se hace de forma genuina, los alumnos se sienten empoderados y respetados, mientras que los profesores aprenden desde unas perspectivas que puede que no hayan considerado.

Personaliza el aprendizaje

No puedes obligar a una persona a aprender. Se trata de un acto profundamente personal y debe personalizarse para ser del todo efectivo. Hay quienes alegan que es imposible hacer la educación a la medida de cada alumno. En su opinión, es demasiado caro y poco factible: los profesores simplemente no podrían conceder a cada alumno el tiempo y la atención necesarios. Existen dos respuestas a esta postura. La primera es que no hay alternativa; la educación es personal. Por lo que respecta a si es o no caro, el aprendizaje personalizado supone una inversión, no un gasto. El precio de la falta de motivación es altísimo: los programas de rehabilitación, de motivación y de educación alternativa consumen una gran cantidad de recursos y de dinero. La mayoría de ellos se basan en enfoques personalizados para reconectar a los jóvenes con su educación. Si toda la educación fuese personalizada, habría muchos menos alumnos desmotivados.

El segundo argumento es que es posible adaptar el aprendizaje a cada alumno, sobre todo mediante el uso creativo de las nuevas tecnologías. Damos por sentado que la mayoría de los aspectos de nuestra vida se pueden personalizar (desde el coche hasta la dieta, pasando por el teléfono), pero, por algún motivo, la educación no. Sería ilógico prescribir de qué modo hay que personalizar el aprendizaje: cada colegio tiene sus propias circunstancias, sus propios recursos y sus propios actores. Lo que los distintos métodos de personalización del aprendizaje comparten es la pasión por hacer girar la educación en torno a cómo aprende cada niño y qué necesita aprender para formarse.

Personalizar la educación significa reconocer que la inteligencia es diversa y polifacética, y permitir que los alumnos se dediquen a sus intereses y facultades particulares. También significa adaptar el horario a los distintos ritmos de aprendizaje de los alumnos, como veremos a continuación, e incorporar formas de evaluación que favorezcan su progreso y su rendimiento personal.

Su horario es flexible

La finalidad del horario es facilitar el aprendizaje. En lugar de hacer rotar a profesores y alumnos todo el día de aula en aula y de asignatura en asignatura, el horario debe ser sensible a las necesidades y requisitos de cada actividad. Si una empresa obligase a toda su plantilla a interrumpir lo que está haciendo cada cuarenta minutos, pasar a otra sala y hacer algo totalmente distinto, no tardaría en cerrar. Si lo piensas en esos términos, es ridículo que la mayoría de los colegios sometan a sus alumnos y profesores a una rutina tan rara. La idea de que unos seres humanos interrumpan lo que están haciendo y cambien de aula cuando suena el timbre no solo es extraña, en el caso del aprendizaje es contraproducente. Dividir el día de esa forma es otro ejemplo de una práctica escolar que tiene sentido desde un punto de vista administrativo, pero poco más. Algunas actividades necesitan más tiempo que otras: una actividad en grupo puede requerir varias horas de trabajo ininterrumpido; una tarea escrita individual se puede hacer más fácilmente en una serie de sesiones más breves. Si el horario es flexible y más personalizado, es más probable que favorezca el plan de estudios dinámico que necesitan los ecosistemas saludables para que el aprendizaje se produzca de forma genuina.

Pone la evaluación en perspectiva

La evaluación es un tema controvertido en el mundo educativo, pero una parte decisiva del ecosistema. Básicamente, la evaluación consiste en hacer juicios sobre los progresos y los logros de los alumnos, y consta de dos partes: una descripción y una valoración. Si dices que alguien puede nadar diez largos en una piscina, se trata de una descripción neutral de lo que esa persona puede hacer. Si dices que es el mejor nadador del barrio, se trata de una valoración. Las evaluaciones comparan rendimientos individuales con otros y los puntúan de acuerdo con criterios específicos. La evaluación tiene varias funciones: diagnóstica, para ayudar a los profesores a entender las aptitudes de los alumnos y sus niveles de desarrollo; formativa, para recopilar información sobre el trabajo y las actividades de los alumnos con el fin de favorecer sus progresos; y acumulativa, que consiste en juzgar el rendimiento global al final de un programa de estudios.

Todo esto parece bastante sencillo, pero si la evaluación es un tema controvertido es porque se ha convertido en sinónimo de exámenes estandarizados. Muchos gobiernos y otros organismos del gran ecosistema educativo han perdido de vista la finalidad de la evaluación. Actualmente se usa en infinidad de versiones nocivas, desde competiciones internacionales hasta determinar el resultado de la vida entera de un niño, pasando por si un profesor conservará o no su trabajo. En realidad, los métodos de evaluación pueden adoptar muchas formas, ya sean los juicios informales en el aula o las evaluaciones formales y las oposiciones. La evaluación puede realizarse a partir de muchos tipos de prueba, incluyendo la participación en clase, las carpetas de trabajos, las redacciones y tareas en otros formatos. Las carpetas permiten las descripciones exhaustivas del trabajo que los alumnos han hecho, con ejemplos y comentarios reflexivos de sí mismos y de los demás. En la evaluación en grupo, los alumnos contribuyen a los juicios de los trabajos de sus compañeros. Un buen ecosistema educativo hace uso de varios de estos métodos para garantizar que los alumnos progresan al ritmo adecuado.

El principal error es contemplar la evaluación como el elemento más importante de la educación. Es una parte esencial del proceso y debe interconectarse naturalmente con los procesos diarios de enseñanza y aprendizaje. Tiene que ser una parte integral y un elemento de apoyo de la cultura escolar cotidiana.

Entiende la importancia del juego

El juego es la forma más natural en que las personas de todas las edades, y sobre todo los niños, aprenden e interpretan el mundo. La importancia del juego ha sido reconocida en todas las culturas, ha sido muy estudiada, revisada por expertos y refrendada, y sin embargo muchas veces se trivializa e incluso se censura en entornos escolares. Cabe destacar que conforme bajamos la edad a la que los niños empiezan el colegio —de párvulos a preescolar—, además de imponer muchas actividades extraescolares estructuradas y un exceso de deberes, cada vez más niños se pierden ese aspecto crucial de su desarrollo.

Los niños tienen una capacidad de aprendizaje extraordinaria e innata. Cuando se los deja a su libre albedrío, estudian opciones y toman decisiones que no podemos ni debemos tomar por ellos. Jugar no es solo un aspecto fundamental del aprendizaje, también es una expresión natural de ese proceso para el niño y un elemento crítico del desarrollo de la curiosidad y la imaginación. En lo que respecta al juego, lo mejor que un colegio puede hacer es no intervenir y dejar que ocurra. Los niños no necesitan que les den lecciones sobre cómo jugar, ni que los vigilen en exceso y los carguen de actividades: simplemente requieren el espacio y la libertad para hacer lo que se les da mejor de forma natural.

Establece conexiones significativas

Los buenos colegios siempre optan por formas creativas de conectar con las comunidades más amplias en las que están integrados. No se recluyen y se aíslan; son centros de aprendizaje para toda la comunidad. Las ciudades y las comunidades locales disponen de abundantes recursos y experiencias en las que los colegios se pueden implicar. Gran parte de lo que aprenden los niños es de orden cultural: absorben el estilo general de vida de las comunidades a las que pertenecen. Todo el mundo se beneficia de participar en las comunidades locales: los alumnos tienen oportunidades de aprender en el mundo real y acceden a contenido y experiencias que son relevantes para quiénes son y dónde viven; la comunidad en general ayuda a implicarse a la próxima generación de ciudadanos activos.

Además, conectando con familias y otros sistemas de apoyo, los colegios pueden entender mejor a los alumnos a los que enseñan. Incorporar la participación de padres y cuidadores, en concreto, es un recurso crucial que muchos colegios pasan por alto o evitan voluntariamente. Muchos de los problemas a los que suelen enfrentarse los centros educativos, como el acoso escolar o los problemas de disciplina, se pueden detectar en el aula, pero tienen su origen fuera de ella. Desarrollar lazos más estrechos con las familias y la comunidad es una de las mejores formas de comprender y abordar esos problemas. Los ecosistemas escolares saludables conocen los ecosistemas generales en los que ellos y sus alumnos se integran.

Tiene en cuenta su entorno físico

Los colegios están condicionados por lo que los rodea. Nada más cruzar la puerta de un centro escolar se puede palpar su cultura. Algunos resultan anodinos e institucionales y otros, vibrantes y llenos de vida. Un entorno físico es más que superficial; afecta al humor, la motivación y la vitalidad de toda la comunidad escolar.

Hoy en día disponemos de más información que nunca sobre el papel que el entorno físico desempeña en el aprendizaje; cuánta luz hay en un aula, la temperatura, la calidad del aire, todo influye en si un entorno determinado lo favorece o no. Los muebles también son importantes: pedirles a los niños y a los jóvenes que estén sentados horas seguidas en sillas duras, como es natural, limita su capacidad de atención, y sin embargo la mayoría de las veces se espera que estén quietos y no se quejen. Es más probable que los alumnos se interesen por una clase si están sentados cómodamente, y todavía más si disponen de varias opciones: sentados, de pie, detrás de pupitres o en el suelo, por ejemplo.

Como seres vivos que somos, necesitamos la luz del sol y el aire fresco para crecer; aprovechar al máximo las experiencias al aire libre es una parte esencial de un entorno escolar próspero. Cada actividad necesita un espacio y un ambiente distintos.

Valora las voces de sus participantes

Por algún motivo, hemos silenciado las voces de uno de nuestros sectores demográficos más numerosos: nuestros niños y jóvenes. No son subproductos neutrales de la educación; son el elemento clave del proceso. Si el sistema existe es precisamente por ellos. Dejar que se impliquen en el proceso de decisión de qué y cómo se les enseña no debería ser un concepto tan revolucionario.

Un ecosistema escolar saludable depende del respeto mutuo a los individuos, la empatía con las necesidades del grupo y el compromiso de toda la comunidad con unos objetivos compartidos y el bienestar mutuo. Estos valores deben conformar el núcleo de todo colegio.

Crear las condiciones para que haya milagros

Toda vida es milagrosa. Cómo llegamos a ser y cómo nos desarrollamos —que una persona pueda pasar de ser una criatura diminuta con una dependencia absoluta de sus padres en cada faceta de su supervivencia a convertirse en un adulto hecho y derecho que piensa por sí mismo— es un milagro. Pero decir que es un milagro implica que es algo raro y que se da muy de vez en cuando.

En las comunidades humanas, como en el mundo natural, los milagros ocurren a diario y son imprescindibles para que haya prosperidad. Como educadores, nuestro papel consiste en crear las condiciones para que el crecimiento, el desarrollo y el aprendizaje se den. Cuando lo conseguimos, descubrimos que en realidad nos dedicamos al sector de los milagros, y, sinceramente, es el único sector al que merece la pena dedicarse.

7

Una oportunidad

Nuestra mejor baza para el futuro consiste en desarrollar una nueva conciencia de la capacidad humana para hacer frente a una nueva era de la existencia.

El dalái lama dijo una vez que llegar a nacer ya es un milagro, y tenía razón. Unos 100.000 millones de personas han vivido y han muerto en la Tierra. Detente un momento a pensar cómo llegaste a ser uno de ellos. Para que tú nacieses, todos los finos hilos de tu árbol genealógico se han entretejido a lo largo de todas las generaciones de la humanidad. ¿Cuántas personas tuvieron que conocerse durante esos siglos y tener vidas e hijos hasta que finalmente tus padres se conocieron? Y luego, ¿qué pasó en las vidas de tus padres que acabó desembocando en tu nacimiento? Si consideras todos los encuentros inesperados, las presentaciones fortuitas, las circunstancias, los obstáculos, las guerras y los acontecimientos que cambiaron el mundo, las posibilidades de que tú nacieses eran increíblemente reducidas. Según una estimación, las posibilidades de que nacieses son de 1 entre 400 billones. Según otra, de aproximadamente 1 entre $10^{2.685.000}$.[1] En cualquier caso, lo tenías todo en contra. Y, sin embargo, aquí estás.

Eres un hilo de la parte de abajo de un antiguo tapiz en desarrollo. Llevas dentro de ti los recuerdos biológicos de todos los ancestros que han influido en tu origen étnico, tu aspecto, tu constitución natural, tus aptitudes y tu personalidad. Evidentemente, no eres una réplica exacta de tus padres y de tus antepasados; eres una persona única fruto de una combinación única de características personales que han confluido en ti.

No tenemos control sobre nuestro nacimiento: de quién somos hijos, qué cóctel genético heredamos y dónde nacemos. La persona en la que nos convertimos está determinada por las corrientes cruzadas de nuestras personalidades y de las circunstancias en las que vivimos. Las culturas se crean cuando las comunidades desarrollan ideas, valores y pautas de conducta comunes. A cada uno nos afecta nuestra cultura y cómo esta contempla el mundo. En quién te conviertes puede estar influido por si vives en la pobreza o en la prosperidad, en paz o en guerra, por tu educación o tu falta de ella. A lo largo de toda la vida se te presentan innumerables oportunidades, tanto grandes como pequeñas. Las que aprovechas y las que no acaban influyendo en el ritmo del día a día. Resumiendo, desde tu linaje ancestral hasta tus aptitudes innatas y tu personalidad, pasando por tus circunstancias, tu vida es exclusivamente tuya.

El pasado es inamovible, pero el futuro no. Esto es así por nuestra naturaleza como seres humanos y por todo lo que hemos estudiado a lo largo de estos capítulos: las múltiples formas en que funciona el cerebro y, concretamente, nuestra capacidad de imaginación y de creatividad. Tú creas tu propia vida en función de cómo ves el mundo y tu lugar en él; de las oportunidades que aprovechas y las que rechazas; de las posibilidades que ves y las elecciones que haces. La vida es un proceso natural; muy pocas personas pueden volver la vista atrás y decir que previeron correctamente la vida que han llevado. Puede que algunos estén haciendo más o menos lo que pensaban que harían, pero nadie podría haber pronosticado todos los pequeños matices: su empleo, su pareja, su casa o sus hijos. El motivo es que la vida no es ni lineal ni predecible. Es un proceso de improvisación constante entre tus intereses y tu personalidad, por un lado, y tus circunstancias y oportunidades, por otro.

La vida también es finita. Aunque no está en tu mano predecir las innumerables vicisitudes que pueden darse en ella, hay una cosa que puedes saber con absoluta certeza, y es que en algún momento se terminará. Alguien dijo una vez que la parte más importante de las fechas que acotan la vida de una persona es el guion del medio. ¿Qué hicieron entre el nacimiento y la muerte?

La crisis de los recursos humanos

En las culturas occidentales evitamos la muerte. No el acto en sí, sino la idea: hablar de ella y asimilar todo lo que supone. Debido a ello, muchas personas viven como si ese momento nunca les fuese a llegar ni a ellos ni a las personas que quieren. Soportan su vida, aguantan una semana tras otra y esperan al fin de semana.

A medida que la vida transcurre, aumenta el sentimiento de que han perdido la oportunidad de ser felices y vivir plenamente. Solemos creer que nuestras capacidades disminuyen conforme envejecemos y que las ocasiones que hemos desaprovechado han desaparecido para siempre. Perpetuamos esta actitud en los colegios, las empresas, las comunidades y, por supuesto, la publicidad y la cultura popular.

La cosmovisión occidental dominante no está basada en sinergias y conexiones, sino en establecer distinciones y ver diferencias. Esta visión crea claras distinciones entre la mente y el cuerpo y entre los seres humanos y el resto de la naturaleza. Tal vez por eso hay un desconocimiento tan generalizado de la relación directa entre la comida que consumimos y cómo funcionan nuestros cuerpos, y la fabricación en masa de los productos que demandamos y la salud del planeta. El índice de enfermedades físicas autoinfligidas por una mala alimentación es un ejemplo de la crisis de los recursos humanos. Los índices de depresión, ansiedad y suicidio de los que hablamos en el capítulo 2 son otra muestra. Podemos ver ejemplos del fracaso de nuestros sistemas por todas partes: en el porcentaje de personas a las que no les interesa el trabajo que ejercen, en el número de estudiantes que se sienten ajenos a su educación y en el aumento del consumo de antidepresivos, alcohol y otras sustancias estupefacientes.

Por otra parte, hay personas a las que les entusiasma lo que hacen y las vidas que llevan. Están conectados, en sintonía y satisfechos. Naturalmente, nadie tiene una vida perfecta de principio a fin, pero esas personas le sacan todo el jugo a la vida. Esto se debe en parte a que han descubierto lo que realmente les gusta: están en su Elemento.

Vivir una vida llena de pasión y propósito

Mis libros *El elemento* y *Encuentra tu elemento* ahondan en la idea de estar en nuestro Elemento, pero vale la pena tratar algunos puntos clave y por qué es tan importante. El Elemento es el lugar en el que confluyen las cosas que nos encanta hacer y las cosas que se nos dan bien. Es donde la aptitud innata coincide con la pasión personal. Saber hacer bien algo es importante, pero no suficiente: mucha gente hace bien cosas con las que no disfruta. Para estar en tu Elemento, tiene que encantarte. El Elemento cuenta con dos características principales y dos condiciones. Las características son la aptitud y la pasión, y las condiciones son la actitud y la oportunidad. A menudo el proceso se manifiesta más o menos de la siguiente forma: lo entiendo, me encanta, lo quiero, ¿dónde está?

Es importante que todas y cada una de las personas descubran cuál es su Elemento por dos motivos. El primero es personal: la vida es breve y solo tenemos una oportunidad de vivirla. Saber lo que te encanta es crucial para entender quién eres y lo que puedes ser y hacer con tu vida. El segundo motivo es económico: a medida que el mundo evolucione, el futuro de nuestras comunidades e instituciones dependerá de nuestra diversidad de destrezas y aptitudes. El mundo cambia más rápido que nunca, de modo que la mejor baza que tenemos para el futuro es desarrollar una nueva conciencia de la capacidad humana con la que enfrentarnos a una nueva era de la existencia.

Descubrir lo que hay dentro de ti es la mejor garantía para llevar una vida satisfactoria. También es la mejor oportunidad que tenemos como colectivo para encarar el futuro incierto que nos aguarda. El Elemento tiene profundas consecuencias en la forma de gestionar nuestros colegios, empresas, comunidades e instituciones. Sus principios fundamentales están arraigados en la concepción general del crecimiento y el desarrollo humanos que estudiamos en los capítulos anteriores. Desde el punto de vista sistémico, tenemos que desarrollar la manera de fomentar el talento humano y entender que este se expresa de forma distinta en cada individuo.

En el capítulo 2 analizamos el mundo como es en la actualidad, como lo hemos creado hasta ahora. Durante la mayor parte de la historia de la humanidad, nuestros antepasados pudieron estar relativamente seguros de cómo sería su futuro, y a menudo incluso el futuro de sus hijos y los hijos de sus hijos. En nuestra época, las nuevas tecnologías cambiarán la naturaleza y el curso de la realidad una y otra vez en el transcurso de una sola vida. Lo sabemos porque ya ha pasado. Hubo un periodo en la historia en el que los teléfonos inteligentes eran inconcebibles. Ahora nos es inconcebible vivir sin ellos. Y los teléfonos no son el único ejemplo. También están el wifi, los coches eléctricos, las videollamadas y las redes sociales; la lista podría seguir y seguir. La única forma de prepararnos para el futuro es dar lo mejor de nosotros mismos suponiendo que ello nos hará lo más flexibles y productivos posible.

Lo que sí sabemos con certeza del futuro es que será distinto y que el ritmo de los cambios es hoy más lento de lo que lo será mañana. Por lo tanto, debemos pensar de otra forma en los recursos humanos y en cómo los desarrollamos si queremos enfrentarnos de lleno al futuro. Es imprescindible que adoptemos una concepción más rica de la capacidad humana si pretendemos sacar lo mejor de nosotros mismos y de los demás.

Un planeta

Entender los elementos dinámicos del desarrollo humano es fundamental para conservar las culturas en el futuro. Y también comprender y proteger los ecosistemas del mundo natural del que en última instancia dependemos.

Durante demasiado tiempo, los seres humanos hemos considerado la naturaleza un almacén de recursos y de prosperidad material. Hemos extraído minerales, talado árboles, pescado peces y arrasado el mundo natural. Por culpa de nuestra irresponsable actitud con los recursos del planeta, lo hemos llevado al borde del desastre, y ahora nos encontramos en un momento crítico. Desde la década de 1950, hemos vivido en un periodo conocido como la gran aceleración, en el que el ritmo del impacto de la actividad humana en la geología y los ecosistemas de la Tierra ha aumentado considerablemente. Nuestra conducta está sobrecargando la capacidad del planeta para abastecernos a un ritmo aterrador.

El delicado equilibrio de la vida en la Tierra se mantiene en parte gracias a un sistema de controles y equilibrios. El mundo natural se sustenta a través de las sutiles relaciones de depredadores y presas. La naturaleza sabe lo que tiene que hacer. En el Serengueti hay más de cien animales de presa por cada depredador,[2] y esto se debe a que ser depredador es un trabajo agotador y a menudo ingrato. Otros animales han desarrollado sofisticadas técnicas para no acabar convertidos en comida, como el pulpo, que puede camuflarse como una medusa, o la rana cubierta de glándulas venenosas. Pero ninguno de estos ejemplos constituye un plan infalible, de modo que el ciclo continuo de comer y ser comido prosigue. El problema es que los humanos hemos conseguido eliminar por completo el riesgo de acabar siendo víctimas de depredadores. Por supuesto, en una pelea limpia, no tendríamos ninguna posibilidad de sobrevivir contra un león o un tigre, pero gracias a las formas de vida que hemos desarrollado no tenemos que preocuparnos por ningún gran depredador. Disponemos de remedios para el veneno, aerosoles para los insectos e incluso hemos llegado a eliminar a los depredadores en sus propios hábitats por si se les ocurría inmiscuirse en nuestras actividades de recreo: un tiburón que fuese tan audaz como para acercarse demasiado a una playa, por ejemplo. El resultado es que vivimos sin ningún tipo de control en este planeta y que lo estamos destruyendo. A menos que empecemos a hacernos responsables, en nuestras comunidades y como individuos, el resultado será desastroso para todos.

Cuando hablamos de salvar el planeta, en realidad nos referimos a la vida que hay en él. Como ya hemos estudiado, la naturaleza siempre encuentra una forma de que la vida se abra paso si se la abandona a su suerte. Los humanos, en cambio, no tenemos tan garantizado un lugar en este planeta como pensamos. A lo largo de las páginas de este libro hemos visto cómo, al igual que otras formas de vida en la Tierra, prosperamos en unas condiciones y nos debilitamos en otras. Por lo general, esta situación ha estado relacionada con nuestro bienestar mental y espiritual. Esto también es aplicable a nuestra supervivencia física. Si el planeta sigue calentándose, si los niveles de dióxido de carbono, óxido nitroso y metano siguen disparados, si el océano sigue acidificándose, conseguiremos crear unas condiciones en las que la vida humana, y gran parte del resto de la vida en la Tierra, no será posible.

Estamos en un momento crítico, pero aún no es demasiado tarde. Como sucede con nuestra vida, la historia todavía no está escrita. Podemos tomar medidas tanto individuales como colectivas, y debemos hacerlo. Hoy en día no contamos con ninguna alternativa viable a vivir en la Tierra. Que nosotros sepamos, este planeta es el único hogar que tenemos, y es probable que sea así por mucho tiempo.

Como señala David Attenborough: «Si hemos llegado hasta aquí ha sido porque somos las criaturas más inteligentes que jamás hayan hollado la Tierra. Pero si hemos de seguir existiendo, vamos a necesitar algo más que la simple capacidad intelectual. Vamos a necesitar sabiduría».

Mirar más allá

Las crisis del mundo de la naturaleza y de los recursos humanos están relacionadas. Jonas Salk, el científico que creó la vacuna Salk contra la poliomielitis, comentó que «si todos los insectos desapareciesen de la Tierra, en menos de cincuenta años el resto de las formas de vida se acabarían. Pero si todos los seres humanos desapareciesen de la Tierra, en menos de cincuenta años el resto de las formas de vida prosperarían». En otras palabras, nos hemos convertido en el problema.

Nuestra extraordinaria capacidad de imaginación ha dado lugar a los logros humanos más trascendentales. Ha modificado la faz del planeta en sentido literal. Pero también nos ha llevado al borde de la catástrofe. Si queremos seguir, tendremos que echar mano de todos los recursos del potencial humano que tenemos. Hasta ahora hemos visto mucho: hemos contemplado la Luna y hemos aterrizado en ella. Pero aún no hemos visto suficiente. Todavía pensamos demasiado en nosotros como individuos y como especie y demasiado poco en las consecuencias de nuestros actos.

Para aprovechar al máximo nuestra estancia en este frágil y superpoblado planeta, la única esperanza consiste en desarrollar nuestras capacidades de imaginación y creatividad dentro de un marco distinto del propósito humano. Solo tenemos una oportunidad.

8

Sé tú el cambio

El rock and roll no fue una iniciativa impulsada por el gobierno. Las revoluciones no esperan a la legislación; surgen de lo que la gente hace desde abajo.

Quién eres en este mundo viene determinado, sobre todo, por lo que haces y lo que piensas. Es a lo que se refería Eliza Doolittle en *My Fair Lady* cuando exigía: «De tu soñar basta de hablar, quiero de amor pruebas», y lo que Gandhi quería decir cuando declaró: «Si pudiésemos cambiarnos a nosotros mismos, las tendencias del mundo también cambiarían», que a menudo se ha simplificado como: «Sé tú el cambio que deseas ver en el mundo». Puedes pasarte la vida siendo imaginativo sin conseguir gran cosa; la creatividad es lo que transforma la imaginación en algo tangible. Del mismo modo, puedes pasarte la vida teniendo buenas intenciones sin cambiar por ello gran cosa. Para cambiar el mundo hace falta actuar, y el proceso empieza por ti. A lo largo de estas páginas hemos analizado el resultado de cientos de años de creatividad e imaginación humanas, y cómo nos han traído al punto en el que nos encontramos: la encrucijada de nuestro futuro. En una dirección, seguiremos por el mismo camino en el que estamos sin cambiar de rumbo. Si lo hacemos, no tardaremos en llegar a un callejón sin salida. Si vamos en la otra dirección, si cambiamos de rumbo, hallaremos un sendero largo y próspero que nos llevará a lugares que apenas alcanzamos a imaginar. Es imprescindible que elijamos la segunda opción. Por lo tanto, ¿qué hay que hacer?

El rock and roll no fue una iniciativa impulsada por el gobierno

Las grandes revoluciones de la historia empezaron desde abajo. Los pioneros de la guerra de la Independencia de Estados Unidos no se quedaron esperando a que Gran Bretaña los liberase; tomaron cartas en el asunto. Los rebeldes de la Revolución francesa no aguardaron a que la monarquía llegase al concepto de democracia por su cuenta; prendieron fuego al país en sentido literal y figurado bajo el lema *Liberté, égalité, fraternité.* Afortunadamente, la revolución por la que aquí abogamos requiere mucha menos sangre que cualquiera de esas dos. Un ejemplo más reciente de lo expuesto es el matrimonio entre personas del mismo sexo, que durante mucho tiempo fue una opción impensable y a la que se opusieron tanto gobiernos como grupos religiosos. Aunque la lucha por los derechos del colectivo LGBTQ+ dista de haber acabado, el matrimonio entre personas del mismo sexo es legal en la mayoría de los países más importantes del mundo, incluidos los que tienen profundas raíces religiosas, como Irlanda, y fuertes convicciones políticas, como Estados Unidos, porque la gente decidió alzarse para exigir mejoras.

De modo que si las revoluciones no son iniciativas impulsadas por los gobiernos, ¿cómo empiezan? Según Benjamin Franklin, hay tres tipos de personas en el mundo: las que son inamovibles, las que son movibles y las que se mueven. Hay personas que no ven la necesidad de cambio, y cualquier intento de razonar con ellas cae en saco roto. Es aconsejable dejarlas en paz. Permanecerán como rocas en un arroyo, permitiendo que las aguas del cambio circulen a su alrededor. El tiempo y la marea están del lado de la transformación y las dejarán atrás a medida que la corriente siga adelante. Las personas movibles puede que vean la necesidad de cambio o, cuando esta se hace notar, tal vez se pregunten cómo es que no la vieron antes. En cualquier caso, están dispuestas a aprender y a actuar, y cuando invierten sus energías, son unos poderosos aliados.

Luego están los que se mueven: los agentes del cambio que pueden ver un futuro distinto y están decididos a hacerlo realidad a través de sus actos y de la colaboración con los demás. No piden permiso ni esperan el pistoletazo de salida. Simplemente se mueven. Y cuando bastantes personas se mueven, se produce una revolución. Margaret Mead lo sabía cuando dijo: «Nunca dudes que un pequeño grupo de ciudadanos reflexivos y comprometidos puede cambiar el mundo; de hecho, es lo único que lo ha logrado».

La revolución que necesitamos exige un reajuste mundial de nuestros sistemas sociales. Exige una concepción más amplia de la capacidad humana y que abracemos la riqueza de nuestra diversidad de aptitudes. Dicha concepción se basa en creer en el valor del individuo, el derecho a la autodeterminación, nuestro potencial para evolucionar y la importancia de la responsabilidad civil y el respeto por los demás. Y empieza por la educación.

Tú eres el sistema

Si participas de alguna forma en la educación, y en el fondo la mayoría de nosotros lo hacemos —ya seas alumno, padre, profesor, legislador, político o alguien ajeno por completo al sistema, como un empresario u otro profesional—, lo que ocurre en los colegios te afecta directamente porque influye en las generaciones de jóvenes que un día llegarán a conformar la sociedad. Tienes tres opciones para propiciar el cambio: puedes realizar cambios dentro del sistema, puedes exigir cambios en el sistema o puedes posicionarte desde fuera del sistema.

El cambio desde dentro: profesores, directores, legisladores

Dentro de todos los centros educativos hay oportunidades de cambio. Los colegios suelen regirse por los métodos que siempre han seguido, pero muchas de sus costumbres no son de obligado cumplimiento. El mejor sitio para empezar a pensar cómo cambiar la educación es exactamente el que tú ocupas en ella: si eres profesor, para tus alumnos, tú eres el sistema; si eres director de un colegio, para tu comunidad, tú eres el sistema; si eres legislador, para los colegios que controlas, tú eres el sistema. Si modificas las experiencias educativas para aquellos con quienes trabajas, estos consideran que has cambiado el sistema. Y con ello te has convertido en parte de un proceso de cambio más amplio y más complejo de la educación en conjunto.

La educación se debe revolucionar desde abajo. Un cambio así no surge tras las puertas cerradas de las salas de reuniones ni en los discursos de los políticos. La educación es lo que ocurre entre los estudiantes y los profesores en los colegios de verdad. Por eso hay un ecosistema natural de responsabilidades para producir cambios:

Profesores

El papel de los docentes consiste en favorecer el aprendizaje de los alumnos. Si eres profesor, sabes que no se trata de un simple empleo o una profesión: es una vocación, y, concebida como es debido, es una forma de arte. Los buenos profesores no se limitan a dominar su disciplina, sino que conocen a sus alumnos y usan lo que saben para reaccionar a la energía y el compromiso de estos. No son solo instructores, sino mentores y guías que pueden aumentar la confianza de sus alumnos, ayudarles a encontrar una meta en la vida y empoderarlos para que crean en sí mismos. La mejor forma de lograr cambios diarios como profesor es dedicarte a integrar esos valores en tu práctica cotidiana.

Directores

Como director, tu función es crear las condiciones para que los profesores puedan desempeñar su papel en tu colegio. Para que una escuela destaque, es fundamental que cuente con un líder motivado que aporte visión y un profundo conocimiento de los tipos de entornos en los que los estudiantes pueden y quieren aprender. La principal labor de los buenos directores no es mejorar los resultados de los exámenes, sino desarrollar una comunidad cuyos miembros compartan un objetivo. Los directores con visión de futuro son conscientes de que las convenciones establecidas de la enseñanza ocupan un lugar secundario con respecto a esos fines.

Legisladores

El rol de los legisladores consiste en crear el marco adecuado en el que los directores y los colegios puedan llevar a cabo sus responsabilidades. Del mismo modo que los profesores y los directores deben crear las condiciones para el desarrollo de sus alumnos y sus comunidades, tu misión es crear unas condiciones parecidas para las redes de colegios y comunidades a las que te han encargado servir. La cultura es una serie de permisos relacionados con lo que se considera una conducta aceptable y lo que no. Como legislador, puedes favorecer el cambio en todos los niveles abogando por él y permitiendo a los colegios romper viejas costumbres para abrir nuevos caminos.

El cambio desde dentro: niños, jóvenes y padres

No existe una línea recta que lleve de la visión al cambio. Como en el caso del acto creativo, el cambio es un proceso continuo de acción, improvisación, evaluación y reorientación a la luz de la experiencia y las circunstancias. Así pues, ¿cómo puedes efectuar cambios si formas parte del sistema pero en una posición de menor control que las descritas en los apartados anteriores?

Niños y jóvenes

Todo el sistema educativo está diseñado para vosotros. Puede que muchas veces no os lo parezca, pero si la educación es el fenómeno que se da entre profesores y estudiantes, vosotros sois el 50 por ciento de esa ecuación. Más que a ningún otro sector relacionado con la educación, silenciamos sistemáticamente las voces de los jóvenes, pero tenéis más poder del que creéis. Vuestra generación está más conectada que ninguna de las que os han precedido. Solo habéis conocido la era digital y, por lo tanto, no concebís el mundo sin esos avances tecnológicos como los peces no conciben el mundo sin agua. También sois los que tenéis más en juego: si nada cambia, trabajaréis más duro por menos dinero y con unos costes de vida más elevados que los de cualquier otra generación. Estaréis sobrecualificados para los puestos básicos que os veréis obligados a solicitar. Pero vuestra generación ya ha empezado a mostrarnos que sois apasionados, estáis decididos y no os andáis con rodeos, desde la manifestación *March for Our Lives* hasta la iniciativa *School Strike 4 Climate*, pasando por el movimiento *Black Lives Matter*. En el caso de la educación, es fundamental que entendáis vuestros derechos. Según el artículo 29 de la Convención sobre los Derechos del Niño de la ONU, la educación debe ir encaminada a «desarrollar la personalidad, las aptitudes y la capacidad mental y física del niño hasta el máximo de sus posibilidades». No os conforméis con menos.

Padres

En 2018 publicamos *Tú, tu hijo y la escuela*. Fue una respuesta a la abrumadora cantidad de mensajes que recibimos de padres a los que les preocupaba la educación que sus hijos recibían y que querían saber qué podían hacer al respecto. Los padres pueden hacer muchas cosas. La docencia y el aprendizaje están relacionados, y una de las partes más importantes de esa relación se desarrolla entre ti y el colegio. Es más probable que a tus hijos les vaya bien en el colegio si evitas pensar en el centro educativo y en sus docentes como los únicos responsables de su educación. Puedes empezar desarrollando una relación saludable con los profesores de tu hijo. Esto no significa poner en duda todos sus juicios o sus decisiones, sino ser su aliado. Los profesores ven ciertas facetas de tu hijo en determinadas circunstancias, pero no tienen una perspectiva completa. Tú puedes ayudarles a iluminar los aspectos que desconocen, y viceversa. También puedes hacerte miembro de una asociación de padres de alumnos y participar activamente en la vida cultural del colegio. Incluso ir un paso más allá y entrar en el consejo escolar. Puedes solicitar cambios. La forma en que decidas involucrarte dependerá de tus circunstancias personales. No es realista esperar que todos los padres dispongan del tiempo y de los recursos para integrarse plenamente en la comunidad escolar, y quizá esas tampoco sean las mejores opciones para tu familia. En lo que respecta a tu hijo, lo mejor que puedes hacer en ese contexto es ayudarle a desarrollar sus particularidades y darle oportunidades para identificar las aptitudes e intereses personales que más le atraen. Básicamente, eres el mejor abogado de tu hijo: no te fíes del sistema más que de tu hijo, y no te fíes del sistema más de lo que te fías de tu instinto como padre.

Cambiar desde fuera

Muchas personas que se dedican a otras profesiones están en disposición de colaborar con los profesores y aportar su energía, entusiasmo y conocimientos específicos a la educación. Acercar el mundo real al aula es imprescindible para que los alumnos descubran nuevas vías y opciones que de otra manera tal vez desconozcan. Aunque no estés directamente implicado en el día a día de la educación, tu voz sigue siendo un elemento decisivo de la revolución. ¿Qué puedes hacer como empresa o como individuo?

Empresas

Todas las organizaciones compiten en un mundo donde la capacidad de innovar y adaptarse al cambio es necesaria para no perder el liderazgo. Si se quedan ancladas en las viejas costumbres, se arriesgan a perder la ola del cambio que hará avanzar a las empresas más innovadoras. Todas las compañías son perecederas: están creadas por personas y necesitan que las revitalicen continuamente para sobrevivir. Con el fin de ser flexible y adaptarse, una empresa debe crear las condiciones en las que todas y cada una de las personas implicadas en ella estén conectadas con sus capacidades creativas. Es un grave error considerar que unos roles son creativos y otros no. Un líder creativo desempeña papeles estratégicos en tres áreas distintas: favorece las aptitudes creativas de todos los miembros de la empresa; consolida y promueve el desarrollo de equipos creativos dinámicos, y fomenta una cultura general de innovación. Todo se vuelve más fácil cuando no tienes que empezar por el principio, cuando las personas a las que contratas ya han tenido la oportunidad de conectarse holísticamente consigo mismas a través de su educación. Además de crear una cultura dentro de tu empresa, establecer relaciones fuertes con colegios y otras organizaciones constituye una parte importante del ecosistema. Puedes hacerlo ofreciendo oportunidades de aprendizaje en el mundo real a través de prácticas remuneradas. En el pasado, muchas empresas se han valido de las prácticas para que otros les hagan gratis las tareas poco agradecidas o de baja categoría. La verdadera finalidad de las prácticas es dar a los jóvenes la oportunidad de conocer distintas trayectorias profesionales y adquirir experiencia en entornos reales. Para tu empresa, el beneficio de las prácticas no solo está en descubrir nuevos talentos y aprovechar la energía de los jóvenes; también está en colaborar en la crianza y la educación de la generación que un día llegarás a contratar, y que contribuirá decisivamente al éxito de tu negocio.

Las prácticas no son solo para jóvenes. La época en la que una persona desempeñaba una sola profesión toda su vida es cosa del pasado, y por este motivo harías bien ofreciendo oportunidades de conocer tu empresa y su cultura a personas de todas de todas las edades. Lo más importante de un programa de prácticas es garantizar que se paguen: muy poca gente puede dedicar su tiempo y su energía a una actividad profesional gratis. Ofreciendo prácticas no remuneradas, reduces el grupo de candidatos a los que pueden permitirse realizarlas. Cuanta más gente disponga de una oportunidad, más impacto tendrá todo el proceso.

Individuos

Si no te has sentido representado en ninguna de las categorías anteriores, hay varias formas más de participar en la revolución. Una de ellas consiste en sumar tu voz, compartir recursos y difundir el mensaje. Muchas son las personas que contactan con nosotros para decirnos que se sienten profundamente aliviadas de haber descubierto que el problema no era de ellas ni de sus hijos, sino del sistema. Compartiendo los principales mensajes que hemos resumido en estas páginas serás un eslabón más de una cadena de ayuda inestimable. Otra forma de colaborar es dedicar el tiempo y la energía necesarios para descubrir tu Elemento, en caso de que aún no sepas cuál es. Ya hemos hablado de cuán importante es adoptar una concepción más rica de la inteligencia humana, que celebremos la diversidad del talento que hace nuestra especie tan singular, y que todas y cada una de las personas descubran qué les gusta hacer en la vida, y eso te incluye a ti. Cuando lo hayas descubierto, o si ya lo sabes, puedes convertirte en mentor. Los mentores desempeñan un papel indispensable ayudando a las personas a identificar sus pasiones, fomentando sus intereses e impulsándolas a aprovechar al máximo sus capacidades. Sin mentores, el camino es considerablemente más difícil. Lo más valioso que puedes hacer es comprometerte a llevar una vida llena de pasión y propósitos, y animar a los demás a hacer lo mismo.

Cambiar colectivamente nuestras costumbres

La revolución que necesitamos exige defender cambios en el funcionamiento de nuestras sociedades. Requiere abrir los ojos a la cultura de conductas tóxicas que hemos creado y actuar de un modo más consciente. Si de verdad queremos lograrlo, de nada sirve persistir en una actitud pasiva con respecto al futuro de nuestro planeta.

Hay mucho material dedicado a los cambios necesarios para

detener el calentamiento global, y casi todas las fuentes proponen las mismas medidas: debemos reducir drásticamente las emisiones de gas invernadero, poner fin al uso excesivo de fertilizantes, dejar de diezmar la tierra con la agricultura y los océanos con la pesca, sustituir los combustibles fósiles por energías más limpias, y cambiar nuestros hábitos de alimentación y de consumo. De todas estas medidas, la que está al alcance de todos es cambiar nuestros hábitos alimentarios: consumir menos pescado y carne. También es el punto más polémico.

Llama la atención la cantidad de gente que dice: «Vería tal película o leería tal libro, pero sé que cuando lo haga, tendré que cambiar de hábitos y no estoy seguro de querer hacerlo». Es verdad que para que el mal triunfe, basta con que los hombres de bien no hagan nada. Seguir la táctica del avestruz ya no es una opción. Si decidiésemos comer menos carne, liberaríamos tierras de cultivo para la resalvajización y el desarrollo de cultivos con un impacto menos severo en el entorno. Si decidiésemos comer menos pescado, podríamos reservar grandes áreas de océano como zonas cerradas a la pesca.

No es factible que todas las culturas del mundo renuncien de forma definitiva al consumo de carne o pescado, pues son alimentos que están arraigados en sus tradiciones culturales y religiosas. Para algunas comunidades, son imprescindibles en sus dietas y su economía. Sin embargo, para los que vivimos en zonas urbanas y tenemos una amplia gama de opciones, comprometernos a elegir las alternativas disponibles es una forma de poner nuestro granito de arena en la búsqueda de un equilibrio sostenible.

Si queremos crear un mundo mejor para nosotros y nuestros hijos, debemos tomar medidas preventivas que protejan las condiciones de la Tierra que nos permitirán hacerlo posible.

Sé tú el cambio

El mundo está experimentando cambios revolucionarios. Como la mayoría de las revoluciones, la que nosotros planteamos ha ido gestándose durante mucho tiempo y está tomando impulso. Sabemos qué métodos funcionan en la educación; hay ejemplos de colegios y programas educativos en todo el mundo que los llevan a cabo a diario. La educación efectiva siempre ha dependido de un equilibrio entre la tradición y la innovación, el rigor y la libertad, el individuo y el grupo, el mundo interior y el mundo exterior. Nuestra misión consiste en ayudar a encontrar un equilibrio entre esos dos polos, y se ha convertido en una necesidad urgente. Las revoluciones no solo están determinadas por las ideas que las impulsan, sino también por la magnitud de su impacto. Las ideas que están detrás de esta revolución llevan mucho tiempo entre nosotros, pero el cambio es cada vez más palpable: la revolución se encuentra en una fase muy avanzada. Del mismo modo que creamos los mundos en los que vivimos, podemos volver a crearlos. Hace falta valor e imaginación, y tenemos más que suficiente de ambas cosas.

Imagina si...

«La lección más importante que debemos aprender es que hay más vida en la Tierra que la de los seres humanos, y que ser humano supone algo más que pensar en el interés propio. Nuestro futuro dependerá de si aprendemos bien esta lección».[1]

KEN ROBINSON, 2018

De todas las aptitudes de las que estamos dotados los humanos, la que más subestimamos es la imaginación. La vemos como algo infantil que hay que perder lo antes posible o, en caso de no poder erradicarla por completo, como mínimo tenerla bajo control. La utilizamos para criticar o desautorizar a la gente cuando les decimos que tienen una «imaginación febril». Nos enorgullecemos de tener «los pies en la tierra» y estar «en contacto con la realidad», como si la falta de imaginación fuese una señal de que uno es formal y de fiar. Y, sin embargo, la gran tragedia es que, además de ser lo que nos distingue del resto de las formas de vida de la Tierra, esta increíble capacidad de imaginación es lo que ha hecho posible la vida como la conocemos. Fue la que nos sacó de las cuevas y nos llevó a las ciudades, y la que sustituyó la superstición por la ciencia. Es fundamental en todos los aspectos de la vida, desde el asiento en el que estás ahora mismo hasta el bolígrafo de tu mesa, pasando por la música que te gusta. El agua corriente, la calefacción central y la medicina moderna son ejemplos de cómo la imaginación hace avanzar la experiencia humana, como también lo son la *Quinta Sinfonía* de Beethoven, *Viva la vida* de Frida Kahlo, *Manon* de Kenneth MacMillan y el tiro en suspensión de Kobe Bryant.

Todos los grandes avances han estado impulsados por una simple frase: «Imagina si...». Dos palabras, infinitas posibilidades. Dentro de esa simple frase han prendido ideas y han cambiado mundos. La imaginación así aplicada requiere cuestionar lo que existe y concebir una alternativa. De este modo progresan las culturas humanas. Lo mismo que caen. Desde la caída del Imperio romano hasta el declive del Imperio británico, la historia nos ha mostrado una y otra vez que ninguna civilización, empresa o individuo es indestructible. A lo largo de la historia, la imaginación nos ha llevado a cotas asombrosas y a abismos terribles. Es nuestra única esperanza para atravesar la época turbulenta que estamos viviendo. Los retos a los que nos enfrentamos son importantes y complejos; para solucionarlos, debemos volvernos más creativos, no menos. La crisis climática es resultado de nuestra desconexión con el mundo natural. Para resolverla, debemos conectarnos más, no menos. Para abordar los problemas existenciales de nuestras culturas, debemos volvernos más humanos, no menos.

La gracia de la frase «Imagina si...» es que tiene un final abierto. Es provocadora antes que prescriptiva, y adaptable hasta la saciedad. Imagina si... pudiésemos controlar el fuego. Imagina si... pudieses volar de una punta del mundo a la otra. Imagina si... pudiésemos aterrizar en la Luna. Imagina si... dos personas pudiesen casarse independientemente de su género. Imagina si... valorásemos la danza tanto como las matemáticas. Imagina si... tuviésemos una cura para el cáncer terminal. Imagina si... reinventásemos los sistemas que aceptamos para que animasen a todas las personas a desarrollarse. Imagina si...

Es imposible que una persona resuelva todos los problemas del mundo. Los problemas a los que nos enfrentamos son demasiado numerosos, demasiado complicados y demasiado recurrentes para una sola persona. Y sin embargo, sin los actos desinteresados de individuos apasionados y solidarios, nuestros obstáculos comunes serían insuperables. Cualquier movimiento empieza por personas individuales, y cuando estas se unen, el mundo cambia. Como Ursula K. Le Guin expresó elocuentemente: «Todo poder humano puede ser combatido y transformado por los seres humanos».

Los cambios que necesitamos con tanta urgencia se basan en el derecho de todo individuo a vivir una vida desarrollada y plena, y en la importancia de cultivar la responsabilidad civil y el respeto por los demás. Tienen que ver con el fomento de la dignidad, la igualdad y la justicia humanas. Son imprescindibles para mejorar la calidad de las vidas de las personas hoy y para hacer posible el mundo en el que esperamos vivir mañana. Estos principios siempre han sido importantes, pero la necesidad de cambio es más crítica ahora que nunca. No solo se trata de vidas individuales; se trata del carácter de nuestras civilizaciones. Se trata de crear un futuro para todos.

Notas

Capítulo 2: La ventaja humana

1. Vale la pena recordar la rapidez con la que esto ha ocurrido. El iPhone y sus imitadores no estuvieron disponibles hasta 2007, y el iPad, hasta 2010. Los consumidores de todo el mundo se apresuraron a hacerse con ellos.

2. <https://www.who.int/teams/mental-health-and-substance-use/suicide-data>.

3. <https://www.mhe-sme-org/young-people-and-mental-health-infographic/>.

4. Stein Emil Vollset, *et al.*, «Fertility, Migration, and Population Scenarios for 195 Countries and Territories from 2017 to 2100: A Forecasting Analysis for the Global Burden of Disease Study», *The Lancet*, 396, n.º 10258, 2020, pp. 1285-1306; disponible en: <https://www.thelancet.com/journals/lancet/article/PIIS0140-6736(20)30677-2/fulltext>.

Capítulo 5: De la fábrica a la granja

1. Timothy F. Landers, *et al.*, «A Review of Antibiotic Use in Food Animals: Perspective, Policy, and Potential», *Public Health Reports*, 127, enero-febrero de 2012, pp. 4-22; disponible en: <https://www.ncbi.nlm.nih.gov/pmc/articles/PMC3234384/pdf/phr12700004.pdf>.

2. Christian Lindmeier, «Stop Using Antibiotics in Healthy Animals to Prevent the Spread of Antibiotic Resistance», Organización Mundial de la Salud, 7 de noviembre de 2017; disponible en: <https://www.who.int/news/

item/07-11-2017-stop-using-antibiotics-in-healthy-animals-to-prevent-the-spread-of-antibiotic-resistance>.

3. La resistencia a los antibióticos se produce de forma natural, pero su abuso tanto en humanos como en animales está acelerando el proceso. La resistencia a los antibióticos está aumentando a niveles peligrosamente elevados en todo el mundo. Hoja informativa de la Organización Mundial de la Salud, «Antibiotic Resistance», OMS, 31 de julio de 2020; disponible en: <https://www.who.int/news-room/fact-sheets/detail/antibiotic-resistance>.

4. Según un estudio de 2005 llevado a cabo por Chapin y colaboradores, el 98 por ciento de las bacterias presentes en muestras de aire tomadas en una granja de cerdos eran resistentes como mínimo a dos antibióticos usados habitualmente en la producción porcina. Amy Chapin, *et al.*, «Airborne Multidrug-Resistant Bacteria Isolated from a Concentrated Swine Feeding Operation», *Environmental Health Perspectives*, 113, n.º 2, 2005, pp. 137-142; disponible en: <https://ehp.niehs.nih.gov/doi/pdf/10.1289/ehp.7473>. Un estudio de 2008 realizado por Graham y colaboradores (<https://journals.sagepub.com/doi/pdf/10.1177/003335491212700103>) analizó muestras de aire y de superficie recogidas detrás de vehículos que transportaban aves de corral y descubrió que contienen muchas más bacterias resistentes a los antibióticos que las recogidas detrás de vehículos de control.

5. Jeff McMahon, «Why Agriculture's Greenhouse Gas Emissions are Almost Always Underestimated», *Forbes*, 2 de diciembre de 2019; disponible en: <https://www.forbes.com/sites/jeffmcmahon/2019/12/02/5-reasons-agricultures-greenhouse-gas-emissions-are-usually-underestimated/?sh=1f1c1d4e6ac8>.

6. Hoja informativa de la Organización Mundial de la Salud, «Adolescent Mental Health», OMS, 28 de septiembre de 2020; disponible en: <https://www.who.int/news-room/fact-sheets/detail/adolescent-mental-health>.

Capítulo 7: Una oportunidad

1. Mel Robbins, «How to Stop Screwing Yourself Over», TEDx San Francisco, junio de 2011, disponible en: <www.ted.com/talks/mel_robbins_how_to_stop_screwing_yourself_over/transcript?language=en>, y Dina Spector, «The Odds of You Being Alive Are Incredibly Small», *Insider*, 11 de junio de 2012, disponible en: <www.businesinsider.com/infographic-the-odds-of-being-alive-2012-6>.

2. David Attenborough, *Una vida en nuestro planeta*, 2020.

Imagina si...

1. Ken Robinson, de su aportación a *Genius: 100 Visions of the Future*, publicado en 2018 por Genius 100 Foundation.

Agradecimientos

El núcleo de este libro se ha desarrollado a lo largo de décadas. Al fin y al cabo, es el cúmulo de una vida entera de trabajo. La vida entera de mi padre. Naturalmente, es todavía más significativo porque cuando se estaba elaborando la propuesta o se estaban firmando los contratos, no teníamos ni idea de que él no estaría aquí para tener el libro terminado en las manos. Dicho esto, conviene hacer dos salvedades antes de continuar.

La primera es que sin duda habrá personas a las que a mi padre habría querido dar las gracias, y que por supuesto merecen ese reconocimiento, pero que tal vez no figuren en la lista. Si eres una de esas personas, ten por seguro que la omisión no es en absoluto intencionada, sino simplemente consecuencia de no tener a papá para preguntarle.

La segunda es que hay personas que nos han apoyado a mi familia y a mí en el momento más difícil de nuestras vidas: la pérdida de mi padre. Dieron sus corazones para que los nuestros siguiesen latiendo, aun estando rotos, y se merecen todo el agradecimiento y el reconocimiento posibles. También hay personas que han contribuido activamente en la obra de papá a lo largo de los años, y del mismo modo se merecen que se les agradezca y reconozca su aportación. No he podido incluir a todas ellas en este apartado por miedo a que el número de páginas de los agradecimientos superase el de las páginas del propio libro. Papá tuvo una vida increíble y una carrera monumental; hay material para dedicar un libro solo a eso, y si yo lo escribo, tendrá una lista de agradecimientos más extensa que la que incluyo aquí. Con ello pretendo decir que me he centrado exclusivamente en las personas que han participado en el proceso de escritura de este libro en concreto.

Hechas las salvedades, y con la esperanza de que todos estemos de acuerdo, pasemos a los agradecimientos.

En primer lugar, debo dar las gracias a papá. No solo por empezar este libro, sino también por confiar en mí para que lo acabase y por su fe en que lo haría como se merece. Lo mismo se puede decir del equipo de Penguin Viking por su paciencia, comprensión, compasión y apoyo a lo largo de todo el proceso: a mi primera editora, Victoria Savanh, por hacer que la perspectiva de escribir un libro pareciese menos aterradora, por intercambiar ideas conmigo y por mejorar cada borrador con sus certeros comentarios; a Gretchen Schmid, que sustituyó a Victoria cuando ella se fue de Penguin y retomó el proyecto a la perfección guiándome en las últimas fases de producción y diseño del libro que tienes en las manos. A Josephine Greywoode, de Penguin UK, por la amabilidad y la consideración que ha mostrado en todo momento, y por haber compartido generosamente sus conocimientos conmigo de principio a fin. Quiero expresar mi más sincero agradecimiento a Charlie Sarabian, de Global Lion Management, por portarse como un verdadero amigo de Peter, por responder a mis cientos de preguntas y por estar disponible siempre que lo he necesitado.

A Sophie Britton, nuestra increíble asistente editorial y también escritora, que leyó todos los borradores hasta que tuve el valor de mandarle uno a Penguin, y cuyos comentarios y consejos han sido de una ayuda inestimable. También debo dar las gracias a Sophie, aunque puede que sea la única, por cerrar a cal y canto mi agenda mientras escribía y cambiar pacientemente de hora todas las reuniones en las que me colaba para luego darme cuenta de que no podía mantenerlas.

Hay dos personas que merecen una mención destacada por mantenerme cuerda, hidratada y alimentada. Las dos leyeron todos y cada uno de los borradores, las correcciones y las nuevas versiones, y me motivaron a seguir adelante cuando no me sentía capaz. La primera es mi adorable madre, Therese, que fue como una estrella polar que representó a papá en todo momento. Después de trabajar con mi padre cuarenta y cuatro años, ella era lo más parecido a tenerlo en la misma habitación, y a pesar del dolor que la invadía, vino a ayudarme sin falta un día tras otro. La segunda persona es mi marido, Anthony, que ha sido mi pilar durante los últimos meses. Me preparaba montones de tazas de té, paseaba conmigo durante horas cuando me quedaba en blanco y al mismo tiempo mantenía en marcha las demás parcelas de nuestro negocio. No se quejó ni una vez cuando yo estaba distraída, o demasiado cansada para hablar, y cuando no tenía nada que ofrecer, él colmaba de atenciones a nuestra hija para que no se diese cuenta.

A nuestra hija, Adeline, que acababa de cumplir tres años cuando yo desaparecí para escribir, y a mi hijastro, Charlie, gracias de todo corazón por todas las risas y el amor que me habéis dado sin descanso.

Y gracias a Janet y Robin, mis suegros, por tener a los dos niños entretenidos y atiborrados de «tarta del abuelo» todos los días en los que debía cumplir un plazo de entrega.

Hay personas que han aportado abundante tiempo, energía, consejos y apoyo a la creación del libro, y les estoy eternamente agradecida a todos: Amir Amedi, Kanya Balakrishna, Graham Barkus, Jeff Bezos, China Bialos, Heston Blumenthal, Damian Bradfield, Zoe Camp, Alexa Collins, Jackie Cooper, May Delaney, Ted Dinersmith, Julie Epstein, Helen Hatzis, Goldie Hawn, Drew Herdener, Ken Hertz, Michael Hynes, Rami Kleinmann, Megan Leigh, Lasse Leponiemi, Andrew Mangino, George Monbiot, Jon Polk, James Robinson, Pasi Sahlberg, Tim Smit, Simon Taffler, Rachel Womack y nuestra increíble comunidad de Patreon.

En memoria de Peter Miller
1948-2021

Peter Miller, la gran figura literaria, fue el agente de papá durante quince años. Él supervisó la creación de *El elemento*, *Encuentra tu elemento*, *Escuelas creativas*, *Tú, tu hijo y la escuela*, cada nueva edición de *Busca tu Elemento* y, por último, *Imagina si...* Él vendió los libros por todo el mundo en treinta países. Cuando mi padre falleció, me transmitió esa pasión y ese compromiso. Pete se convirtió en uno de mis mayores defensores, y no exagero si digo que no habría podido escribir esto sin él a mi lado. De hecho, la idea original de este libro fue suya: él lo concibió como un breve manifiesto con el pensamiento básico de mi padre. Me cuesta creer que no esté aquí para verlo publicado, pero me consuela mucho que leyese el último manuscrito y que supiese que por fin el libro se iba a hacer realidad. Peter era más que nuestro agente; era un miembro de nuestra familia. Me siento afortunada de haberlo conocido y de haberme beneficiado de su sabiduría y sus conocimientos mientras escribía este libro. Su legado pervive en las vidas en las que influyó y en la colección de libros que existen porque él creyó en sus autores.

Sobre los autores

Sir Ken Robinson fue un experto en el desarrollo de la creatividad, la innovación y el potencial humano que gozó de reconocimiento internacional. Durante doce años fue profesor de educación en la Universidad de Warwick del Reino Unido. También recibió títulos honoríficos de universidades de Estados Unidos y el Reino Unido, así como el Premio Athena de la Escuela de Diseño de Rhode Island, la Medalla Peabody por contribuciones a las artes y la cultura en Estados Unidos, el Premio LEGO al mérito internacional en la educación, la Medalla Benjamin Franklin de la Real Sociedad de las Artes y el Premio Nelson Mandela Changemaker. Asesoró a gobiernos, empresas, sistemas educativos y algunas de las organizaciones culturales más importantes del mundo. Su informe «Todos nuestros futuros: creatividad, cultura y educación» (El Informe Robinson) ha sido aclamado por la crítica de todo el mundo. Su prestigiosa charla TED «Las escuelas matan la creatividad» sigue siendo a día de hoy la charla TED más vista de la historia con 80 millones de visualizaciones, y el número sigue aumentando. Se calcula que la han visto 400 millones de espectadores de 160 países distintos. Es escritor de *best sellers* de *The New York Times*, y su libro *El elemento: Descubrir tu pasión lo cambia todo* ha sido traducido a veintitrés idiomas. En 2003 recibió el título de sir otorgado por la reina Isabel II por su servicio a las artes. Falleció en 2020.

Kate Robinson es escritora, conferenciante y cofundadora de varias iniciativas dedicadas al legado de su padre, sir Ken Robinson. Entre ellas se encuentra el SKR Legacy Collective Fund, cuyo objetivo es conmemorar y recordar la figura de sir Ken y continuar con su legado a través de proyectos relacionados con temas de educación, medio ambiente y cultura; e Imagine If..., una organización sin ánimo de lucro inspirada en la apasionada defensa del potencial humano llevada a cabo por sir Ken que culmina cada año en un festival de una semana. Fue la directora fundadora y jefa de operaciones estratégicas de HundrED, una organización finlandesa creada para buscar y compartir las innovaciones más destacadas en el ámbito de la educación a nivel internacional. También es patrocinadora de Action for Children's Arts y House of Imagination, además de consejera de MindUp y codirectora de Nevergrey, una empresa que colabora con organizaciones e individuos dedicados a fines sociales. Su pasión es promover la participación de los jóvenes, y ha sido galardonada con un premio al liderazgo intelectual por su destacada contribución al empoderamiento en la educación.

Imagina si... de Sir Ken Robinson y Kate Robinson
se terminó de imprimir en junio de 2022
en los talleres de
Litográfica Ingramex, S.A. de C.V.
Centeno 162-1, Col. Granjas Esmeralda, C.P. 09810
Ciudad de México.